VERGILIO GAMBOSO

DAS LEBEN
DES HL. ANTONIUS

EDIZIONI MESSAGGERO PADOVA

Neue Auflage 1996

ISBN 88-250-0677-2

Copyright © 1989 by P.P.F.M.C.
MESSAGGERO DI S. ANTONIO – EDITRICE
Basilica del Santo - Via Orto Botanico, 11 - 35123 Padova

GELEITWORT

Wenige Heilige sind beim christlichen Volke so beliebt wie der heilige Antonius von Padua. Und doch hat man bei aller eifrigen Verehrung, die dieser wunderbaren Gestalt eines Gottesmannes gezollt wird, bisweilen den Eindruck, als fehle dieser glühenden Begeisterung eine entsprechende gründliche Kenntnis der Wesenszüge des Heiligen als Mensch, Apostel und Kirchenlehrer. Mag es auch paradox scheinen, so kann man ruhig behaupten, dass den unzähligen Verehrern nicht so sehr an den Lebensschicksalen des heiligen Antonius im Laufe seiner kurzen Lebenszeit gelegen ist als vielmehr an der Kraft seiner Fürbitte bei Gott, die sich nach seinem Tode wunderbar erwiesen hat. Diese Christen denken lieber an den Heiligen in der Herrlichkeit des Himmels als an den Herold des Evangeliums mit seinen geleisteten Taten und erduldeten Leiden während seines irdischen Daseins.

Wir dürfen im heiligen Antonius nicht einfachhin denjenigen sehen, der uns vom Herrn Gnaden und Wunder erwirkt. Wenn auch sein jetziges Leben am Throne Gottes herrlich ist, so war es nicht weniger sein Leben auf den Pfaden dieser Welt. Denn wir wissen, dass auch er hienieden wie jeder aus uns dieselbe Mühsal unserer Lebensjahre durchgemacht hat, die zusammengesetzt sind aus Kämpfen und Prüfungen, aus glaubensvoll umfangenen Leiden und mutig geleistetem Verzicht.

Damit nun dieser in aller Welt so beliebte Heilige in seinem Charakter, seinen inneren Kämpfen, seinen umwälzenden geistigen Feldzügen zur Eroberung der Seelen besser erkannt werde, fügen wir zu so vielen gelehrteren und ausführlicheren Lebensbeschreibungen noch diesen kurzgefassten Abriss hinzu. Er ist in einfachem Stile verfasst, jedoch auf Grund zuverlässiger historischer Quellen zusammengestellt, und wir bieten ihn den Verehrern des Heiligen zum Lesen an. So wird man jene wahrhaft hervorragende Seele näher kennenlernen, die vor Gott und den Menschen so gross geworden ist um den Preis heldenhaft bestandener Opfer.

Wir wünschen, dass dieses Büchlein gute Aufnahme finden möge, dass es zur Erkenntnis beitragen wird, wie gut und weise Gott ist, der mittels seiner Gnade aus dem gebrechlichen Menschengebilde Meisterwerke der Heiligkeit zu schaffen vermag, wie es eben der heilige Antonius von Padua ist.

IN DER WELT DER RITTER

Der Sohn des Kreuzritters

Antonius von Padua, der Heilige, den die ganze Welt kennt und verehrt, lebte in einer fernen Zeit, vor mehr als sieben Jahrhunderten.

Lissabon, seine Geburtsstadt, friedlich hingebettet auf stufenweise absteigende Hügel und vom Fluss Tago sanft berührt, mit dem Ausblick auf den weiten Wasserspiegel des Atlantischen Ozeans, war zur Zeit, als der Heilige das Licht der Welt erblickte, noch nicht die prächtige und anmutige Hauptstadt Portugals wie heute.

In den letzten Jahrzehnten des 12. Jahrhunderts war Lissabon ein befestigter Stützpunkt, eine Warte, die dem Feind die Stirne bieten sollte. Denn seit mehr als einem Jahrhundert kämpften die Portugiesen um die Freiheit ihres Landes vom Joch der Muselmanen. Stück für Stück war das Vaterland nach unzähligen Leiden fast ganz zurückerobert worden. Die Stadt war im Jahre 1147 mit Hilfe der Kreuzritter, die aus Deutschland und Frankreich gekommen waren, eingenommen worden. Von einem jener Ritter aus dem Norden, der sich samt seiner Familie in der schönen Stadt am Tago niedergelassen hatte, stammte, laut zuverlässigen historischen Überlieferungen, unser Heiliger.

Tag und Jahr seiner Geburt können wir nicht mit Sicherheit angeben. Wenn wir uns an das Ergebnis gewissenhafter Forschungen halten, war es das Jahr 1190. Eine fromme Überlieferung gibt als den Tag dieses freudigen Ereignisses den 15. August, das Fest Mariä Himmelfahrt, an. Die Glocken der dortigen Kathedrale, die eben der Himmelfahrt Mariens geweiht ist, verkündeten die Geburt des Sohnes des Kreuzritters, der einst die schönste Blüte Portugals werden und die Welt mit seiner Heiligkeit überstrahlen sollte.

In der Taufe wurde ihm der Name Fernando (Ferdinand) gegeben, der soviel wie «kühner Friedenskämpfer» bedeutet. Und er wird seinem Namen tatsächlich alle Ehre machen.

Dem Familienbrauch gemäss wuchs der Knabe in einer Umwelt aufrichtiger Frömmigkeit auf. Wie oft mag wohl seine Mutter Donna Maria, ihren lebhaften Knaben zur nahen Domkirche gebracht haben, um ihn der allerseligsten Jungfrau zu weihen und anzuempfehlen, damit er gut und wohlerzogen aufwachse und so der Familie und dem Vaterland zur Ehre gereiche!

Gar bald genügte dem lebhaften und wissensdurstigen Knaben der Unterricht im Schosse der Familie nicht mehr. Damals gab es noch keine öffentlichen Schulen wie wir sie heute haben. Die einzigen

Schulen waren die Kloster- und Domschulen und ihr Besuch war nicht vorgeschrieben. Dort erteilten Mönche oder Priester den Unterricht, sodass mit der Unterweisung in den Wissenschaften und in der lateinischen Sprache zugleich auch eine grundlegende und ansprechende religiöse Belehrung erteilt wurde, damit die Kenntnis der Glaubenswahrheiten in vollster Harmonie mit dem Studium der menschlichen Weisheit Hand in Hand ginge.

An der Kathedrale wurde eine Schule gegründet und es lehrte dort auch ein Domherr, der Onkel des kleinen Fernando. Hier begann der Sprössling des Kreuzritters sein Studium, umgeben von einer sorglosen Schar von Kameraden, die wie er selbst aus vornehmen Adelsgeschlechtern Lissabons stammten. Mit einer ausserordentlich lebhaften Geisteskraft ausgestattet, verbunden mit einem starken, festen Willen, schritt er jenem Pfade zu, der ihn später zu kühnen Gipfelhöhen lenken sollte: es waren die Studienjahre.

Legendenblüten

Die Jungen an der bischöflichen Schule durften nach dem Brauch der damaligen Zeit während der heiligen Handlungen ehrenvolle Dienste leisten. Dieser Dienst am Altare führte dem Knaben das Verständnis für die grossen Geheimnisse des menschlichen Lebens zu: die Zeremonien der Taufe, die Trauung, die Sakramente der Busse und des Altars. Geburt, Liebe, Tod... Das noch kindlich klare Auge, die noch zarte, fügsame Vernunft erheben sich, sobald sie die so bedeutsamen Stufen des menschlichen Lebens besteigen, wie von selbst zum Göttlichen empor und erhalten ein gewisses Feingefühl und eine Tiefe, die ihnen keine noch so sorgfältige Erziehung anerziehen kann.

Sehr spärlich fliessen die Quellen über die Jugendjahre Fernandos. Der politische Horizont war zu diesem Zeitpunkt ruhig, das kleine portugiesische Reich war um den inneren Aufbau bestrebt. In dieser politischen Entspannung und friedlichen Lage flossen erfolgreiche und frohe Jahre dahin. Mit dem Studium eifrig beschäftigt und von der liebevollen Fürsorge der Eltern umhegt, gestaltete sich auch das Leben des Knaben zu einem arbeitsamen und frohen.

Da ist es nun die Legende, welche den Lebensabschnitt, über den uns keine sicheren Nachrichten überliefert sind, mit wunderbaren Geschehnissen auszuschmücken sucht und breitet darüber ihr farbenprächtiges Gewebe. So entstand eine Blumensaat von bezeichnenden Anekdoten und erbaulichen Erzählungen, eine Reihe von rührenden Szenen und lieblichen Geschichtchen. Die Phantasie des Volkes hat seine Freude daran gefunden, die Kindheit Fernandos mit Wundermärchen zu zieren, wie man sie von einem aussergewöhnlichen Leben erwartet.

So erzählt man, dass Don Martino, der Vater des Heiligen, von Zeit zu Zeit sich auf sein in der Umgebung Lissabons befindliches Gut begeben musste und er eines Tages seinen Sohn dorthin mit sich nahm. Es war Sommer und die Kornfelder leuchteten unter den feurigen Strahlen der Sonne, bewegt durch den Seewind vom nahen Meer her, wie ein grosser goldener See. Welch reiche Ernte verhiess dieses Jahr! Wie schade aber, dass ganze Schwärme von Spatzen gierig darüber herfielen und den Weizen herauspickten! Mann musste sie verscheuchen und vertreiben, um die Ernte vor grossem Schaden zu bewahren. Martin ging auf die Suche nach einem Wächter und hiess einstweilen sein Söhnchen die diebischen Spatzen abwehren.

Als der Vater gegangen war, lief Fernando die Felder auf und ab. Bald aber war er dessen müde. In geringer Entfernung erblickte er ein Landkirchlein, das ihn zum Gebete einzuladen schien; er dachte jedoch an den Auftrag seines Vaters, auf das Korn zu achten und er durfte nicht ungehorsam sein. So rief er, nach einem Augenblick der Überlegung, in kindlicher Einfalt den Spatzen zu, sie sollten ihm folgen und er führte sie in einen grossen Raum, der zum Besitz gehörte. Die Vögel gehorchten und flogen zwitschernd hinein. Als alle im Raume waren, schloss Fernando die Fenster und die Türen und begab sich seelenruhig in die Kirche, um dem Herrn einen Besuch abzustatten.

Die Sonne ging soeben unter, als der Vater auf seiner Rückkehr seinen Sohn suchte. Er suchte alle Felder ab und rief nach ihm, fand aber niemanden. Besorgt näherte er sich dem Kirchlein und fand ihn dort im Gebet versunken. Der Knabe war so gesammelt, dass der Vater ihn nicht streng zurechtweisen wollte. Der Sohn nahm dann den Vater bei der Hand und führte ihn in jenen Raum, der nun vom Flattern und Zwitschern der lieben Vögelchen erschallte.

Er öffnete die Tür und die Vögel stürmten freudig der Freiheit entgegen.

Weiters liest man auch, dass eines Morgens Fernando nach seinem Ministrantendienst am Altare vor dem Tabernakel im Gebete verweilte. Die grosse Kirche war menschenleer. Da vernahm er plötzlich aus dem Halbdunkel ein Hohnlachen, das ihn erschauern liess.

Es war ein schreckliches Ungeheuer, das den Knaben hätte zutiefst erschrecken und von der Kirche und vom Gebete abhalten müssen, wie wenn das Halbdunkel im Heiligtum voll von abscheulichen Gespenstern wäre.

Fernando vermochte zwar nicht mehr im Gebete fortzufahren, aber er strich mit dem Fingerchen ein Kreuzzeichen auf den Marmorstein der Altarstufe. Da leuchtete das Licht wieder in hellem Glanze vor seinen Augen; und auf der Stufe blieb die zarte Spur des Kreuzzeichens zurück. Das war der erste Sieg, den der Heilige über den Widersacher siegreich bestand.

«Die Meereswelle» - so ermahnte er in späteren Jahren - «zerschäumt, wenn sie gegen die Klippe geschlagen wird; so wird der Sturm der Versuchung, der gegen dich anstürmt, zerschlagen und zunichtegemacht, wenn du mit Christus verbunden bist».

Der ritterliche Jüngling

Wir kommen nun zum verschleiertsten und am wenigsten erforschten Punkt im Leben unseres Heiligen. Das sind die Ereignisse in den Jahren seines Knaben- und ersten Jugendalters. Auch über die allerersten Lebensjahre liegen kaum Anhaltspunkte vor, aber die Legende hat darüber ihr Blütenkleid entfaltet; so hat sie das Wenige, das wir darüber wissen, mit Leben erfüllt. Jedoch ist die Zeitspanne vom 15. zum 20. Lebensjahr sogar von der Legende übergangen worden. Was wir darüber berichten können, stützt sich auf Annahmen, die aus der Kenntnis der Zeitumstände und der damaligen Umwelt und durch Schlussfolgerungen aus späteren Taten Fernandos geschöpft wurden.

Vor allem dürfen wir nie vergessen, dass ein Jüngling die Eindrücke und Einflüsse vonseiten der engeren Standesgenossen zutiefst in sich aufnimmt. Bekannt ist uns bereits das Klima scharfer Spannungen, das zur Zeit der Geburt des Heiligen in Portugal herrschte. Es war das Verdienst des grossen Königs Alfons I., dass ein Grossteil seines Landes vom Joch der Araber befreit wurde. Der tapfere Herrscher war 1185 gestorben, also einige Jahre vor der Geburt des ersten Sohnes Don Martinos, des dem König treu ergebenen Ritters. Auf den Thron war inzwischen Sancho I. gestiegen, ebenfalls ein tapferer Krieger, der aber durch die zerrütteten inneren Zustände des Landes gezwungen war, sich vorerst der mühsamen Aufbauarbeit für den Frieden zu widmen. Es galt, dem Lande eine feste Ordnung zu schaffen, um Einheit und Wohlstand zu gewährleisten.

Als Fernando über die Schwelle des Jugendalters schritt, hatte das Reich bereits eine bedeutende politische und wirtschaftliche Festigung erfahren, die Feindseligkeiten gegen die Araber waren eingestellt und Portugal genoss im Frieden die Früchte der durch aufreibenden Krieg erkämpften Freiheit.

Es war jedoch noch ein Mißstand zu beheben. Zur Zeit der Kriege gegen die Muselmanen waren nämlich zahlreiche bewaffnete Scharen nach Portugal herunter gekommen, um sich dem Kreuzzug der Christen anzuschliessen. Für jene war das Kriegführen höchstes Ideal, ihre Abenteuer- und Kampfeslust hielt sie ständig in Spannung und Aufregung. Wir können uns sehr wohl vorstellen, dass der junge Fernando, nachdem er die Schuljahre an der Bischofsschule beendigt hatte, vom Vater dazu angeleitet wurde, das Waffenhandwerk zu ergreifen wie viele seiner Altersgenossen. Ertüchtigung zur körperlichen Gewandtheit, zu Tapferkeit und Unternehmungsgeist, dass - kurz gesagt - aus einem Jüngling ein Ritter und Soldatenführer wurde: darin bestand das Wesen jener Art militärischer Schule. Man lehrte dort die Fechtkunst, das Reiten, die Grundregeln der Ehrenhaftigkeit und Höflichkeit, alle traditionsmässigen Voraussetzungen für einen vollgültigen Ritter.

Welch ehrenvollen Tag erlebte er und welch stolze Freude erfüllte seinen Vater, als der junge Ritter mit der glänzenden Waffenrüstung feierlich eingekleidet und mit dem leuchtenden Schwerte umgürtet wurde!

Die ersten Kämpfe

So war nun Antonius ein stattlicher Zwanzigjähriger geworden. Das Zusammenleben mit den Altersgenossen und das rauhe Waffenhandwerk hatten seinen Körper und seinen Charakter gestählt, und das Leben bot sich ihm von Tag zu Tag verlockender und interessanter.

Und doch war etwas, was ihn nicht zur Ruhe kommen liess. Eine gewisse Leere und Zwecklosigkeit fand er in jener wenn auch glanzvollen Umwelt. Sein Geist strebte unaufhaltsam nach Bewährung im Kampfe und er musste untätig zuwarten: es schien ihm, als trage er die Rüstung vergeblich. Während seine Freunde in Müssiggang und bedenklichen Liebschaften die Zeit untätig vergeudeten, wurde ihm ein solches Dasein immer unerträglicher. Er fühlte seinen reinen jugendlichen Blick immer mehr schwinden, sein Herz wurde aufgerüttelt, und da er jenes unendliche Blickfeld, das er erträumt hatte, nicht verwirklicht fand, quälte ihn ein starkes Gefühl des Unbefriedigtseins, der Schwermut und er fühlte ein ungekanntes Verlangen in sich aufsteigen.

Fernando, der später mit Feuergeist und ohne Furcht die Laster der Gesellschaft - vor allem die Gier nach Reichtum, Pracht und Leichtlebigkeit - geisseln wird, kann sich dabei ohne Zweifel auf persönliche Erfahrungen berufen. Die Welt hat ihm ihren verlokkenden Zauber geboten und das Leben als ein Gewebe von kühnen Eroberungen, von begeisterter Hingabe an das Ritterideal und Liebe ohne Makel vor Augen geführt: leider war aber dieses Bild edlen Handelns und Strebens innerlich verseucht.

Die Liebe ist etwas Erhabenes, Grosses. Aber wie oft ist diese von Gott erschaffene Grösse vom ruchlosesten Egoismus in den Schmutz gezogen! Diese Welt zog den Jüngling einerseits an und anderseits stiess sie ihn gleichzeitig und mit der gleichen Gewalt ab. So konnte es nicht mehr weiter gehen. Er musste eine Entscheidung treffen. Die Reinheit seines Herzens und die Grossmut seiner Seele liessen Gottes Stimme im Grunde seines Geistes widerhallen.

Ja, während er das Innerste seines Herzens erforschte, hatte er einen sanften, geheimnisvollen Ruf vernommen.

Wessen Stimme war es? Was wollte sie von ihm?

DER KLOSTERFRIEDE

Der Abschied vom Familienkreis

Im trauten Nest der Familie herrscht von Natur aus Frohsinn. Durch die Berührung mit der umgebenden Gesellschaft aber lässt man sich leicht beeinflussen von den herrschenden Gebräuchen und verliert so das Kennzeichnende im jugendlichen Charakter...

An der Peripherie Lissabons ragte auf einer Anhöhe, die den Ausblick auf die Stadt und das Meer gewährte, das Kloster St. Vinzenz. Es verdankte seine Gründung der Grossmut Alfons I. und seiner Gemahlin Mafalda von Savoyen. Nun waren es die Regular-Chorherren des heiligen Augustinus, die diese Hallen durch ihr Gebet heiligten. Wir dürfen diese Ordensleute nicht mit den ehrwürdigen Domherren unserer Kathedralen verwechseln: jene lebten ihr Ordensleben nach der grosszügigen Regel (*Kanon* genannt), und die nach dem Geist des hl. Augustinus eingeprägt war.

Fernando muss diese Abtei schon seit seinen Kinderjahren gut gekannt haben, als noch seine Eltern mit ihm die schöne Kirche und die lichtvollen Hallen des Klosters besuchten. Zum Jüngling herangewachsen, hat er sich vielleicht allein dorthin geflüchtet in den stürmischen Augenblicken seines geistlichen Kampfes. Es war ihm, als atmete er dort reinere Luft; er fühlte sich beruhigt und aufgemuntert in dieser Oase des Gebetes; die stille, feierliche Sammlung der Klostergänge zog ihn mächtig an.

Vielleicht förderte ihn die Führung durch einen gebildeten und erleuchteten Ordensmann in seinem unablässigen Ringen nach Frieden. Sein tatkräftiger und grossmütiger Charakter trieb ihn zu rascher Entscheidung.

Was mögen Vater und Mutter empfunden haben, als Fernando seinen Entschluss ihnen mitteilte, sich ins Kloster zurückzuziehen! Aber sie hatten ihn ja dementsprechend erzogen: stets gewärtig und bereit zu sein, die Stimme Gottes zu vernehmen und ihr folgen und alle entgegenstehenden Hindernisse zu bezwingen, wie es sich für einen Ritter geziemte. Mit Tränen in den Augen blickten sie auf ihren zwanzigjährigen Sohn, über den sie so manche Zukunftsträume hegten und nach einigem Einspruch gaben sie ihre Einwilligung zur Verwirklichung seiner Berufung.

Anfang 1210 schloss sich die grosse Klosterpforte hinter dem adeligen Sprössling Fernando. Er hatte einen harten Sieg erfochten. Aber nachdem er einmal seinen Weg gefunden hatte, war er fest entschlossen, diesen Weg mit sicheren Schritten bis zum Ende zu gehen.

Gott hatte ihn gerufen und dieser göttlichen Einladung gab er sich mit jugendlicher Begeisterung gänzlich hin.

Zwei Jahre verbrachte der junge Fernando in St. Vinzenz. Lichtvolle Jahre, gleichsam ein Rosenkranz von einförmigen Tagen! Keines jener aufsehenerregenden Ereignisse, die die Aufmerksamkeit der Menschen auf sich lenken, wohl aber eine köstliche Quelle geistlichen Reichtums!

Von seinen neuen Mitbrüdern wurde er mit sichtlichem Wohlwollen aufgenommen, denn sie rechneten es sich zu hoher Ehre an, dass ein lebenslustiger Jüngling adeliger Herkunft sich ihr Kloster auserkoren hatte. Er wandelte durch die geräumigen Klosterhallen, wo nur der Himmel - so hoch und doch so nah - herniedergrüsste auf das Schweigen, das die Tiefe der Seele und die geheimnisvolle Gegenwart Gottes versinnbildet, auf das Schweigen, das der Widerhall des Friedens Gottes selbst ist.

Die Glocken von Lissabon klangen Tag für Tag und Abend für Abend an sein Ohr und bei ihren feierlichen Klängen bewegte sich etwas in seinem Herzen. Es war wie eine vorübergehende, lebendige Erinnerung an die Jahre, die er in der Stadt verbracht hatte, in einer verlockenden Welt mitten unter den Ritterjünglingen...

Er hatte einen zweiten Entscheidungsschritt getan. Er musste von dieser Abtei sich lostrennen. Jene Welt, der er zu entfliehen gedacht hatte, drang nämlich auf dem Wege der List bis dorthinein. Nach mehreren Monaten sorgfältig gehüteten Friedens war Fernandos Seele immer noch von den Bildern und Verlockungen des Fleisches belästigt. Was war vorgefallen?

Hier stehen wir wieder vor einer nicht ganz geklärten Frage im Leben unseres Heiligen. Was wir mit grosser Wahrscheinlichkeit sagen können, ist die Tatsache, dass seine alten Freunde, die über seinen Schritt ins Kloster enttäuscht waren, diesen kühnen Entschluss nicht verwinden konnten und auf schlaue Weise ihn von seinem Wege abzubringen versuchten, um ihn wieder unter sich zu haben. Daher wiederholten sich die Besuche von Bekannten und Freunden fast täglich und wurden immer zudringlicher. Er konnte sich ihnen nicht entziehen wie er es gewünscht hätte, auch aus dem Grunde, weil die Mitbrüder bestrebt waren, das Kloster zu einem Mittelpunkt der Zusammenkünfte hochgebildeter und einflussreicher Persönlichkeiten der Stadt zu machen.

Für Fernando wurden diese Besuche gar bald zu einer Plage, zu einem wahren Alpdruck. Er war also wieder in die Fangarme jener verderbten und verderbenbringenden Gesellschaft geraten, die er so sehr verabscheute. Die Leidenschaften flammten mit plötzlicher Gewalt wieder auf. Er musste aufs neue fliehen, weit fort fliehen, fern von den Wellen, die seine edelsten Bestrebungen zu verschlingen drohten.

Nun galt es also, die Brücken abzubrechen, die ihn mit jener seichten, leichtlebigen und erdrückenden Umwelt verbunden hielten.

Er bat seine Obern, in eine entferntere Abtei versetzt zu werden. Und er wurde nach Coimbra gesandt: die damalige Hauptstadt Portugals. Unbemerkt zog er von St. Vinzenz fort und die noch schlummernde Stadt streifend, wanderte er im sanften Schweigen des

Morgens dem neuen Ziele entgegen. Er wollte Gottes Ruf folgen, um Ihm allein zu gehören; über alles, was sich seiner grossmütigen Hingabe entgegensetzen würde, wollte er hinwegschreiten und so vor jenem ständigen Hinterhalt sicher sein. Das Heil liegt in der Flucht, wenn es sich um die Sünde handelt.

Die Vögel sangen, aber auch seine Seele sang jubelnd an jenem Morgen, ohne eine Spur von Bedauern über das, was er für immer zurückliess...

In Coimbra

Der junge Augustiner-Chorherr kam in Coimbra (wahrscheinlich im Jahre 1212) an, nachdem er einige Tage gewandert war. Als er ins Kloster zum Heiligen Kreuze eintrat, war er sicher von den gewaltigen Raummassen der Kirche beeindruckt, wo die Grabmale der Könige ihren Ehrenplatz innehatten. In den lichtvollen Klosterräumen, in den Sälen und in den Zellen herrschte ehrfürchtiges Stillschweigen. Fernando fühlte, dass hier sein Sehnen nach Frieden volle Erfüllung gefunden hatte. Innerhalb dieser Mauern schwand das Echo der Vergangenheit dahin.

Ungefähr acht Jahre weilte er in dem Kloster Heiligkreuz. Auch das waren stille und scheinbar unbedeutende Jahre, für seinen Geist jedoch überaus fruchtbar. Hier erreichte er, wenn wir manchen Berichterstattern glauben dürfen, einen wichtigen Lebensabschnitt: die Priesterweihe. Da er nun Priester war, bot sich seiner geistigen und geistlichen Reife ein grösserer Horizont. In seiner empfindsamen und grossmütigen Seele begann wie von selbst ein grosses Ideal zu sprossen: den Seelen, die dem Verderben entgegengingen, zu Hilfe zu eilen. Im studiumbeflissenen und diensteifrigen Ordensmann wuchs bereits der zukünftige Heilsbote Christi heran.

Wie alle Ordenshäuser der damaligen Zeit, war auch das Kloster zum Heiligen Kreuz ein Zentrum der Kultur. Eine reichhaltige Bibliothek stand allen zur Verfügung, so dass sie daraus jederzeit christliche Weisheit und weltliche Wissenschaft schöpfen konnten.

Fernando verlegte sich nun aufs Studium mit der ihm eigenen Begeisterung. Durch die Schriften, die er uns hinterlassen hat, können wir heute feststellen, welche seine bevorzugten Bücher waren. Allen voran die Heilige Schrift; nach ihr die Schriften der Kirchenväter, besonders des heiligen Augustinus, dessen Orden er angehörte. Sein Gedächtnis setzte die Mitbrüder in Staunen: er brauchte eine Buchseite nur gelesen zu haben, dass sie ihm klar im Gedächtnis blieb.

Das planmässige und eingehende Studium im Laufe von acht Jahren verschaffte unserem Heiligen ein überaus umfassendes Wissen, das nach dem Plane Gottes seiner apostolischen Sendung der künftigen Jahre zustatten kommen sollte.

Im Kloster verlief nicht alles gut. Wir stellen uns oft die Klöster nach Art eines Vogelnestes vor: die Vögel versammeln sich dort, ruhen aus und ziehen dann wieder fort; im Neste wird zwischen der einen

Reise und der nächsten Rast gehalten. Zur Zeit, als unser Heiliger lebte, war aber die Auffassung vom Klosterleben eine wesentlich andere: das Kloster war eine Stätte weltabgeschlossener Zurückgezogenheit, wo man das ganze Leben in beständigem Gebet, Arbeit und Studium verbrachte, von der Gesellschaft der Welt fast gänzlich isoliert.

Und doch wurde jener Reichtum an Güte und Weisheit, den sie dort innerhalb der Klostermauern gesammelt hatten, in grosszügiger Weise an die Mitmenschen gespendet. Zu jener Zeit, als man nur zu Fuss oder zu Pferd reiste und auf den unsicheren Strassen noch keine Gaststätten und Herbergen bestanden, strömten Wanderer und Pilger zum Kloster Heiligkreuz, um einen Imbiss und ein bescheidenes Nachtlager zu erhalten. Es handelte sich zumeist um arme Leute, die die Kirche stets als ein ihr anvertrautes Erbteil betrachtete.

Begegnung mit den Franziskanern

Die Augustiner-Ordensbrüder waren abwechslungsweise beauftragt, die Gäste zu empfangen. Eines Tages traf es Don Fernando, diesen Dienst zu versehen. Im Herbergsraum begegnete er einer Schar von Armen, die, aus ihrer Aussprache zu schliessen, von weit her gekommen sein mussten; ihre abgenützten Kleider, die geschwollenen Füsse und die sonnverbrannten Gesichter liessen erkennen, dass sie einen unendlich weiten, mühsamen Wanderweg zurückgelegt hatten. Unserem Don Fernando fiel sofort ein Stück Gürtelschnur um die Hüften der fünf Wanderer auf. Aber je blasser und erschöpfter sie aussahen, um so lebhafter und durchdringender strahlte aus diesen Unbekannten etwas geistig Fesselndes. Ein seltener Ausdruck von Sanftmut, Demut, Begeisterung und Innerlichkeit leuchtete auf ihrem abgezehrten Antlitz.

Don Fernando erkundigte sich nach ihrer Herkunft. Sie berichteten ihm, sie kämen aus Italien, aus einer fernen, kleinen Stadt: Assisi, und sie seien auf dem Wege zu den mohammedanischen Ländern, um dorthin das Licht und die Erlösung Christi zu bringen. Also Missionäre. Am darauffolgenden Tage zogen sie weiter. Fernando aber war davon aufs tiefste beeindruckt. Welch kühnes Ziel bei solcher Armut! Welche evangelische Geisteshaltung bei so unscheinbarer Einfachheit!

Nach dieser zufälligen Begegnung mit den Franziskanerbrüdern bemächtige sich eine unerklärliche Unruhe der Seele des jungen Augustiners. Die prunkvollen Klosterräume, die in bunter Pracht blühenden Gärten, das besinnliche Stillschweigen der Bibliothek, der ehrfurchtgebietende Ernst des Gotteshauses, die liebgewonnenen Mitbrüder, kurz alles, was seit acht Jahren seinen Alltag füllte, begann ihm nun unzulänglich und fremd zu werden. Enttäuscht und geängstigt fragte er sich immer wieder, ob wohl dies der für ihn bestimmte Lebens- und Arbeitskreis sei: dort standen ihm alle Bequemlichkeiten zu Gebote, nichts fehlte ihm, er konnte ein Gelehrter von grossem Format werden, vielleicht gar Bischof oder Abt... Nachdem er aber mit jenen fünf «Poverelli» aus Assisi in Berührung gekommen war, dünkte es Don Fernando, als ob ein Druck, eine Schwere, ein geistiger Müssiggang über seinem schönen Stifte laste.

Konnte aber das nicht etwa eine Versuchung des Teufels sein? Ein eitler Traum, um in die Welt hinaus zu entkommen, ein Bauen von Luftschlössern, um in einem vielleicht unauffindbaren «Anderswo» seine heldenhafte Hingabe zu verwirklichen, die er besser dort durchführen sollte, wohin ihn die Vorsehung gestellt hatte?

Seine Seele war wie vom Sturm gepeitscht. Der Himmel schien ihm dunkel und leer und das Leben wie ein Trümmerhaufen von Kräften, die ihm nicht mehr gehorchen wollten. Das waren Monate peinlichen Seelenkampfes.

In den ersten Februartagen des Jahres 1220 kam nach Coimbra die Nachricht, dass in Marokko fünf Franziskaner-Missionare auf grausamste Art hingerichtet worden seien. Ganz Portugal war davon aufs tiefste beeindruckt. Don Pedro, der Bruder des Königs, erreichte es, dass ihm von den Muselmanen die sterblichen Überreste der Märtyrer übergeben wurden, welche dann in begeisterter Verehrung und Ruhmesbezeugung im Triumphzuge nach Coimbra gebracht und in der Kathedrale zum Heiligen Kreuz aufbewahrt wurden.

Mehr als alle anderen war Don Fernando beeindruckt. Er erinnerte sich noch lebhaft an die fünf Märtyrer, die er einige Monate zuvor kennengelernt hatte. Als er sich über ihr Grabmal neigte, kam es ihm zum

Bewusstsein, dass ihn nichts mehr von seinem Vorhaben abbringen werde: auch er musste fort zu den Ländern der Gottlosen und dort als Blutzeuge sein Leben hingeben. Sein Geist war von diesem Gedanken durchdrungen und sein Blut als eines Sohnes von Kreuzrittern davon entbrannt. Wie konnte er aber seinen kühnen Plan ausführen?

Der ruhmreiche Tod der Franziskaner in Marokko war der Anfang einer unaufhaltsamen Werbung für den neuerstandenen religiösen Orden, den der «Poverello» von Assisi gegründet hatte. Etwas ausserhalb Coimbra, zu Olivaes, liessen sich sofort, vom Volke gewünscht und gerufen, die Franziskaner nieder: eine kleine, noch rauhe, aber anziehende Stätte der Busse und des Friedens unter Olivenbäumen... Die Einsiedler zogen von Zeit zu Zeit in die Stadt, um die Reliquien der als Märtyrer verherrlichten Mitbrüder zu verehren, die im Stifte zum Heiligen Kreuz aufbewahrt waren. Don Fernando erwartete sie sehnsüchtig. Eines Tages durfte er mit ihnen sprechen. Er vertraute ihnen an, dass das Leben in jenem Stifte seinen Seelenhunger nicht stillen könne und dass er vor Verlangen brenne, als Martyrer sterben zu dürfen. Es war nur *ein* Ausweg offen: er musste aus dem Augustinerorden, in welchem er sich gehemmt fühlte, austreten und zu den Söhnen des «Poverello» übertreten. «Gerne würde ich in euren Orden eintreten» - beschloss er - «wenn ihr mich nur unmittelbar mitten unter die Sarazenen sendet, um das Gotteswort zu verkünden».

Die guten Franziskanerbrüder waren, als sie ihn

so eifrig und begeistert sprechen hörten, ganz überrascht. War es möglich, dass dieser junge Kanoniker, der von klein auf an den Wohlstand gewohnt und an dieser prächtigen Stiftskirche zu einem hochgelehrten Mann herangebildet worden war, nun imstande sein sollte, sich an ihr entbehrungsreiches Leben anzupassen? Und würden überdies seine Obern die Erlaubnis zum Übertritt gewähren? Würden nicht etwa daraus den armen Franziskanerbrüdern Unannehmlichkeiten erwachsen?

Sie gedachten aber der Ermahnung ihres seraphischen Gründers, sich über die ganze Welt auszubreiten und alle Gutgesinnten, die sich ihnen angliedern wollten, in ihre Gemeinschaft aufzunehmen.

Sie antworteten ihm daher, sie wären bereit, ihn aufzunehmen, vorausgesetzt, dass er standhaft und für alles bereit sei. Don Fernando gab seine Zusage. Man vereinbarte, dass sie nochmals kommen würden und ihm den grauen Franziskanerhabit bringen würden.

Die Zeremonie, die den Übertritt Don Fernandos zur franziskanischen Ordensfamilie bestätigen sollte, war sehr einfach. In Anwesenheit jener, die mehrere Jahre hindurch seine Mitbrüder gewesen waren, und sich seinen sonderbaren Sinneswandel nicht erklären konnten, legte Don Fernando seine weisse Augustinerkleidung ab. Daraufhin hiess ihn der Guardian von Olivaes das neue graufarbene Franziskanerkleid anziehen und umgürtete ihn mit der Gürtelschnur. Um die vollständige Trennung anzudeuten, änderte er auch den Namen. Von nun an wird er nicht mehr Fernando, sondern Bruder Antonius heissen.

VON MAROKKO NACH ITALIEN

Die Sehnsucht nach dem Martyrium

Bruder Antonius machte seine Anfangsschritte im Franziskanerkleid. Um ihn herum herrschte verlegenes Schweigen. Nun kam die Stunde des Abschieds. Ein Augustinerbruder, dem der Entschluss seines bisherigen Mitbruders unüberlegt schien, grüsste den Scheidenden mit bitterem Weh: - «Geh nur, du wirst ein Heiliger werden!»

— «Wenn du eines Tages erfährst, ich sei ein Heiliger geworden, wirst du Gott die Ehre geben», - antwortete demütig Bruder Antonius.

Der neue Ordensrekrut verbrachte nur wenige Monate in der stillen Einsamkeit von Olivaes. Ein ganzes Noviziatsjahr fand er nicht nötig und damals war man nicht dazu verpflichtet. Und wozu ein ganzes Probejahr? Er war ja nicht gekommen, um sich dem franziskanischen Klosterleben zu widmen, sondern nur, um als Missionär unter den Gottlosen zu wirken. Sein Herz schlug nur für dieses Ideal.

So verging der Frühling und auch der Sommer. Zu Beginn des Herbstes 1220 verabschiedete sich Bruder Antonius endgültig von seiner Heimat, die er nie mehr wiedersehen sollte und steuerte den heissen Küsten Marokkos zu.

Das Schiff verliess das Küstenland Portugals und segelte gegen Süden. Nach kurzer Zeit wurde aber die Reise durch ein Unwetter gestört. Bruder Antonius, der infolge der schweren Seelenkrise jenes Jahres körperlich geschwächt war, erkrankte.

Man landete an der Küste Afrikas. Der Kranke glaubte, einige Tage Ruhe würden genügen, wiederhergestellt zu sein und dann das gefahrvolle Apostolat unter den Mohammedaner zu wagen. Aber er täuschte sich. Trotz der sorgsamen Pflege seines Mitbruders Philippinus und der liebevollen Aufmerksamkeit der christlichen Familie, die ihn beherbergte, wollte die Fieberhitze nicht nachlassen. Es war vielleicht das Malariafieber, das seinen Organismus schwächte und wovon er nie mehr vollständig genas, auch wegen der Überanstrengung, der er in den darauffolgenden Jahren erlag.

Tage und Wochen verstrichen. Der Herbst war vorbei, auch der Winter verging und Bruder Antonius lag immer noch krank auf seinem Lager, blass und abgezehrt. Und während der Körper vom Übel gequält war, verzehrte ihn noch mehr ein brennenderes Fieber als es die Malaria war: eine furchtbare Entmutigung ergriff ihn, als er erkennen musste, dass das Übel nie mehr von ihm weichen würde und dass er, ob er wollte oder nicht, zurückkehren musste, ohne seinen heldenhaften Traum verwirklichen zu können. Mit seinem ganzen Herzen hatte er sich dargeboten und nun nimmt Gott seine Hingabe nicht an. Gott scheint seinem Schicksal fern und fremd gegenüberzustehen...

Durch Betrachtung und Gebet vermochte Bruder Antonius Herr zu werden über seine Zweifelsstürme. Er erkannte, dass er zu überstürzt gehandelt und den Willen Gottes fast herausgefordert hatte, dass er mit zu grossem Selbstvertrauen seinem natürlichen Kampfes- und Eroberungswillen gefolgt war. Tatsächlich war er aus dem einen Orden ausgetreten und zum Franziskanerorden übergetreten, nur um seiner zwar edlen, aber rein menschlichen Herzensneigung zu folgen.

An die Stelle seines Grübelns trat die Ergebung in den Willen Gottes. Es hatte jener furchtbaren Enttäuschung bedurft, um ihn reif werden zu lassen für den ersten Schritt der grossen Wegstrecke seines Lebens, die sich späterhin entfaltete in der Trennung von allem, auch von seinen liebsten und bestgemeinten Idealen, bis er sich in kindlichem Vertrauen ganz der göttlichen Führung überliess.

Nachdem er über sich selbst den Sieg davongetragen hatte, stieg in seinem Innern ein grosses Licht auf und ein tiefer Seelenfrieden erfüllte ihn. Wenn man betend leidet, erkennt man, wie klein wir und unsere Dinge sind. Seine Gesundheit verschlechterte sich nun mehr: jenes afrikanische Klima bringt ihn dem Tode nahe. Schon ist der Frühling des Jahres 1221 angekommen. Der Mensch denkt und plant, aber wie immer bleibt die letzte Entscheidung Gott überlassen.

Bruder Antonius berät sich mit Bruder Philippinus. Gottes Willen haben sie nun klar erkannt. Sie sind nicht auf dem rechten Wege und es bleibt ihnen kein anderer Weg als die Rückkehr nach Coimbra in geduldiger Ergebung.

Wozu war Antonius nach Marokko gekommen? Den Glauben zu verbreiten und aus Liebe zu Christus sein Leben hinzugeben. Er hatte das Martyrium angestrebt. Und er hat diese Gnade erlangt, wenn auch nur ein geistiges Martyrium: ein zwar weniger auffälliges, jedoch nicht weniger qualvolles, als er es im Fleische erleiden konnte. Ein Martyrer der Sehnsucht, ja noch mehr: ein Martyrer der Seele! In Marokko ist er sich selbst abgestorben, indem er Gott seine liebsten und edelsten Bestrebungen opferte; indem er auf seinen eigenen Antrieb verzichtete, um dem Willen des Himmlischen Vaters gänzlich freie Bahn zu lassen. Von nun an wird nicht mehr er selbst über sein Leben verfügen, er wird nicht mehr auf sein Widerstreben und seine Neigungen achten, er wird nur den väterlichen Wink der Hand Gottes im Auge haben. «Eines nur ist notwendig» - so hat Jesus gesagt. Bruder Antonius hat im Laufe seiner Krankheit das Geheimnis seiner überragenden Heiligkeit entdeckt.

Der Unbekannte

Der Schnellsegler glitt über die spiegelglatte Meeresfläche. Schon konnte man in der Ferne die iberische Küste schimmern sehen, als sich am Himmel schwere Wolken zusammenballten und das Meer plötzlich in ein unruhiges Getöse überging. Kurz darauf wurde das Schiff von einem heftigen Gewitter hin- und hergeworfen.

Unmöglich, gegen dieses Wirbeln der Fluten und das Tosen des Sturmes anzukämpfen. Die Hoffnung, noch unversehrt davonzukommen, schien geradezu verwegen. Die Unglücklichen irrten ziellos und ohne Übersicht stundenlang auf dem sturmtrunkenen Schiff umher. Es waren Stunden der Angst, die vielleicht durch die Anwesenheit des Heiligen gemildert wurden. Dieser hat sicher für die Schiffsmannschaften und für die Passagiere Worte des Trostes und der Aufmunterung gefunden.

Nach einem endlosen Umherirren legte sich der Sturm. Wie durch ein Wunder konnten sie sich retten und, wenn auch geschlagen und niedergedrückt, an Land gehen. Gute Menschen jenes Ortes nahmen sich gleich der Schiffbrüchigen an und brachten ihnen die notwendigste Hilfe. Diese aber sahen erstaunt und schmerzlich zugleich, dass sie nicht in ihrer Heimat, sondern in Sizilien waren. Bruder Antonius und Bruder Philippinus wurden zu ihren Mitbrüdern ins nahe Franziskanerkloster von Messina gebracht. Erschöpft wie sie waren, konnten sie sich dort richtig erholen. Dort erlangte Antonius langsam seine Gesundheit wieder.

Sie hörten, dass Franz von Assisi im Mai, und zwar zu Pfingsten, alle seine Minderbrüder zusammenrufen wollte, um mit ihnen die neuen Probleme zu erörtern, die durch die rasche Ausbreitung des

Ordens entstanden waren. Bei dieser Gelegenheit wollte er in den Brüdern eine heilige Glut entfachen, damit sie in ihrem Leben das Ideal des Evangeliums gänzlich verwirklichten. Diese Einladung erging auch an die zwei Portugiesen. Sie jubelten. Wir wissen nicht warum, aber Antonius hatte bereits beschlossen, nicht mehr in die Heimat zurückzukehren. Er hatte im Sturm, der ihn von Spanien nach Sizilien verschlagen hatte, das Zeichen gesehen, dass die Vorsehung ihn fern von seiner Heimat haben wollte. Vielleicht aber hatte der Heilige jede Entscheidung den Obern überlassen, die er beim bevorstehenden Generalkapitel in Assisi sicherlich treffen würde.

Zum ersten Male würde er den «Poverello» sehen, von dem man sich gar wunderliche Sachen erzählte. Wer weiss, ob der Herr nicht direkt dem Vater der Armen offenbaren würde, was er mit Bruder Antonius von Lissabon beabsichtige?

Der Frühling war schon vorgerückt, als sich die zwei portugiesischen Minderbrüder auf den Weg machten. Unzählige Strassen hatte Antonius schon durchwandert, er würde auch jetzt mit unermüdlicher Liebe überall dorthin gehen, wohin ihn der Herr rufen würde, um die Seelen zu erleuchten, zu heilen, um in ihnen das göttliche Leben zu kräftigen und zu vertiefen.

Die beiden durchwanderten die Halbinsel, die im Glanze des Frühlings prangte. Sie gingen von Kloster zu Kloster und hielten kurze Rast. Sie waren Unbekannte und ihre Verwunderung steigerte sich immer mehr. Vielleicht begegneten sie auf den kleinen, staubigen Strassen der Campania und des Latiums anderen kleinen Gruppen von Franziskanern, die ebenfalls zum Generalkapitel eilten.

Nun sind sie in Assisi im grünen Umbrien angelangt, bei der kleinen Kirche «Maria degli Angeli», der Niederlassung der ersten Minderbrüder. Ringsherum vernahmen sie ein wundersames Gemurmel von lagernden Brüdern, Rittern des sanft- und demütigen Jesus. Sie hatten sich eine Anzahl von Hütten aus Schilfrohr und Strohmatten verfertigt. Das mystische Tal hallte wider von den Gesängen, Gebeten und von brüderlicher Freude. Sie waren alle ein Herz und eine Seele, wie die ersten Christen.

Jetzt erschien der heilige Franz, klein und liebenswürdig. Die Brüder umringten ihn, um ihn zu sehen und sein Wort zu hören. Seine Worte waren kurz und sehr einfach. Er sprach von der Liebe des Vaters, der für uns seinen vielgeliebten Sohn opferte. Von der Notwendigkeit, uns dieser unermesslichen Liebe anzuvertrauen. Wie sich das ganze Leben im Glanze dieser Liebe ändert, von unserem Herzen angefangen bis zu allen Lebewesen, die uns umgeben. Wie dann alles im Leben ein Beweis vom Dasein der Liebe Gottes wird...

Vielen standen Tränen in den Augen, als sie diese Worte des Lebens hörten. Bruder Antonius stand dort wie versteinert. Er hatte nie gedacht, dass das Leben so einfach sein könnte, so schön. Alles schien ihm neu zu sein. Er war wie betäubt. Als der seraphische Heilige fragte, ob einige Freiwillige sich als Missionäre für Deutschland opfern wollten, für die dortigen Christen, die zwar gut seien, aber nach einem intensiveren Leben nach dem Evangelium verlangten, folgte ein ganzer Trupp seinem Ruf. Antonius war nicht dabei. Er verspürte nicht mehr den Zauber, fremde Länder zu missionieren. Er hatte soeben das neue Leben erahnt und wollte es vertiefen, sich ihm ganz hingeben. Alles übrige war für ihn nur Kummer und Betrübnis.

Der Einsiedler

In Gruppen fingen die Brüder an sich zu verabschieden. Antonius stand allein in der Nähe. Keiner nahm ihn mit sich, keiner hatte ihn bemerkt. Die anderen waren schon fast alle abgereist. Da näherte er sich dem Bruder Gratianus, dem Minister der Romagna (das heisst der Obere der Minderbrüder Oberitaliens) und fragte ihn, ob er mitgehen dürfe. Bruder Gratianus erfuhr, dass Bruder Antonius Priester war und so nahm er ihn voll Mitleid mit in ein Bergklösterlein, ohne im geringsten zu ahnen, welchen Schatz er gefunden hatte.

Montepaolo hiess die Einsiedelei, nicht weit von Forlì entfernt. Heute ist diese Einsiedelei eines der vom Volke begehrtesten antonianischen Wallfahrtsziele. Dorthin zog nun der Heilige, um zu betrachten und vor allem zu beten und sich selbst zu vergessen. Gott hatte ihn durch eine Schule gehen lassen, wo er grundlegende Erfahrungen sammeln konnte. In ungewöhnlichen Abenteuern hatte er ihm die christliche

Unerschütterlichkeit gelehrt, die mit Gefühllosigkeit nichts gemein hat, sondern mit einer vollkommenen Ausgeglichenheit einer Seele, die sich Gott in die Arme geworfen hat, die frei von aller äusseren Sorge und Beanspruchung ist. Die Heilige Schrift sagt es uns ganz klar: «Seid um nichts besorgt, werft all eure Sorgen auf den Herrn». Und an einer anderen Stelle: «Sorgt euch nicht um den morgigen Tag, denn er bringt wieder neues Leid. Es genügt, wenn jeder Tag seine Sorgen hat». Hier finden wir die Quelle christlicher Freude: Im Bewusstsein, dass wir in Gottes heiligem Willen wandeln, im Bewusstsein, dass alles, was wir durchleiden, für unsere Vollkommenheit und für unser Heil angeordnet ist. Alles kann sich ändern, aber solange die Gottesliebe in uns lebendig ist, ruht unsere Seele in tiefstem Frieden. Das war die grosse Leistung des heiligen Antonius. Sie hatte ihm sehr viel gekostet. Gott war für ihn ein unbeugsamer Erzieher.

Nicht weit von der Einsiedelei entfernt, mitten im dichtesten Wald, hatte ein Minderbruder eine wundervolle Grotte entdeckt. Dorthin pflegte er sich zu begeben, um sich dort in der Einsamkeit stundenlang der Betrachtung hinzugeben. Diese ersten Franziskaner waren von völlig verschiedener Herkunft. Es war nicht schwer, neben einer Seele, die immer aus der Liebe zu Christus gelebt hatte, auch den Mann mit dunkler Vergangenheit vorzufinden, der allerdings seine Vergangenheit in büssender Strenge zu sühnen suchte.

Antonius hatte sicherlich keine sündhafte Vergangenheit zu sühnen. Dennoch verspürte er die Pflicht, sich für die Vielen zu verzehren, die in der Sünde leben und keinen Menschen haben, der für sie betet. Auch die Muttergottes beklagte sich in Fatima, dass so viele Sünder in die Hölle kommen, weil niemand da ist, der für ihre Bekehrung betet. Als Antonius eines Tages durch den Wald schritt, entdeckte er die Grotte. Ihre wirkungsvolle Stille und Einsamkeit schien wie für ihn geschaffen, um dort sein liebendes und leidendes Herz auszuschütten. Also bat er seinen Mitbruder, er möge ihm diese Stätte des Friedens überlassen. Dieser willigte sofort ein. Die Felsenhöhle wurde von jenem Tage an seine Wohnstätte. Er hatte bloss einen Krug Wasser und ein Stück Brot bei sich. Wie ein Einsiedler weit draussen in der Wüste, unterhielt er die innigsten Beziehungen mit Gott. Was mag wohl während dieser Zeit der Stille und völligen Abgeschiedenheit in seiner wunderbaren Seele vorgegangen sein?

Immer wieder tönte das Glöcklein des Einsiedlers durch den Wald und rief die Brüder zum gemeinsamen Gebete, zum kargen Mahle und zur nächtlichen Ruhe. Antonius Seele strahlte Frieden und Selbstvergessen aus. Sie hatte jenen Grad an Loslösung und Liebe erreicht, den Gott verlangte.

Es war im September. Der Obere der Einsiedelei liess Antonius wissen, dass sie am folgenden Tage in die Stadt Forlì gehen würden, um dort einer Priesterweihe beizuwohnen. Bruder Antonius sagte der Grotte, wo er soviel Busse getan hatte, ein Lebewohl. Er ahnte nicht, dass er sie nie mehr wiedersehen sollte.

In der Tat ereignete sich in Forlì einer jener merkwürdigen Vorfälle, die nur die Vorsehung fügen kann.

Es handelte sich darum, an die neugeweihten Priester einige Worte zu richten. Der dazu auserkorene Prediger aber war nicht anwesend und die anwesenden Priester sagten, sie seien nicht vorbereitet und sträubten sich. Der Obere warf sein Auge auf Antonius. Er ist bestimmt kein grosses Licht, dieser Portugiese, dachte er, aber er ist immerhin Priester und einige Worte zu diesem Anlass wird er schliesslich improvisieren können.

Antonius stellte sich in die Mitte und begann mit den Worten des heiligen Paulus: «Christus ist für uns gehorsam geworden bis zum Tode, ja bis zum Tode am Kreuze». Anfangs sprach er mit Mühe und die Anwesenden hörten mit steigender Ungeduld zu. Bald jedoch fing er an ganz unbefangen zu sprechen. Ja, es sprudelte ihm nur so heraus, kräftig und mitreissend. Die Zuhörer waren ganz verblüfft, vom Superior von Montepaolo angefangen, welcher – wie der alte Chronist berichtet –, «ihn im Reinigen des Küchengeschirrs tüchtiger hielt als im Auslegen der Geheimnisse der Heiligen Schrift».

GEGEN DIE HÄRETIKER

Auf dem Kampfplatz

Eine Gelegenheitspredigt aus dem Stegreif genügte, um Antonius den Weg der apostolischen Tätigkeit zu bahnen. Bruder Gratianus, der sofort davon erfuhr, beeilte sich, den heiligen Franziskus selbst über diese Entdeckung zu benachrichtigen. Der «Poverello» rief aus: - «Endlich haben auch wir einen Bischof!» - Einen Bischof - das heisst: einen Lehrer christlichen Lebens und christlicher Wahrheit. Und mit dieser ehrfurchtsvoll-ergebenen Benennung richtete er einige Zeit darauf an unseren Heiligen ein Schreiben: «Dem Bruder Antonius, meinem Bischof...» und ermächtigte ihn damit, in Bologna eine theologische Schule zu errichten.

Das überaus bewegte Leben des heiligen Antonius bietet viele aufsehenerregende Einzelereignisse und unerwartete Abenteuer: vom Ritter zum Mönch, vom Studium zum Missionsleben, von der Einsiedelei zum Predigen in christlichen Ländern. Ein besonders interessantes Ereignis müssen wir an dieser Stelle hervorheben. Antonius war ein Portugiese. In der Abtei zu Coimbra hatte er das Latein, die allen damaligen Gelehrten gemeinsame Sprache, meisterhaft beherrschen gelernt. Nun ist es aber eine unbedingte Voraussetzung für jeden Prediger, dass er die Sprache des Volkes beherrscht, zu dem er spricht. Wie konnte aber Sankt Antonius in Italien predigen - und zwar in der Romagna, im Venetianischen, in der Lombardei usw. – zu einer Zeit, als noch keine einheitliche nationale Sprache bestand? Wie konnte er zu den Franzosen – von der Provence bis Bourges – sprechen, wo ebenfalls zwei gänzlich verschiedene Sprachen herrschten? Wir wissen, dass er überall zum Volke lange Reden hielt und sich als Meister der verschiedenen Dialekte erwies, die er ja niemals zu erlernen Gelegenheit hatte.

Wir müssen diese Tatsache als eine der aussergewöhnlichsten Erscheinungen seines Lebens betrachten. Wenn wir Wunder annehmen, so war das jedenfalls eines der bedeutendsten. Der Heilige Geist war wirklich auf ihn herabgekommen und hatte ihm die Pfingstgabe des Sprachenwunders verliehen.

* * *

Die Romagna durfte die Erstlingsfrüchte des apostolischen Wirkens des heiligen Antonius pflükken. Eben in dieser Region hatte die Sekte der *Katharer* - es ist das ein griechisches Wort und bedeutet «die Reinen» -, auch Patariner genannt, ihren Hauptsitz. Das war eine Geheimorganisation von Häretikern, die über ganz Europa verstreut war. Wir können sie uns vorstellen als eine gewaltige und fanatische Geheimgesellschaft. In Lehre und Wirken dieser Ketzer konnte man ein Gemisch von verschiedenen Abweichungen von der christlichen Lehre und von politischen Bestrebungen erkennen, verseucht von einer gehässigen Feindseligkeit gegen die Kirche. Es gelang ihnen, mit ihrer Strenge das Volk zu beeindrucken, indem sie die allgemeine Unzufriedenheit mit den damaligen Verhältnissen sich zunutze machten und eine Reformbestrebung versprachen, die die herrschenden Ungerechtigkeiten beseitigen und ein Zeitalter des Wohlstandes herbeischaffen sollte. Wie man sieht, haben sich die Dinge seit damals nicht viel geändert. Es braucht ja so wenig, um einfältige Leute mit schönen Versprechungen zu täuschen!

Die stärksten Bekämpfer dieser geheimen Genossenschaft waren die von St. Dominikus und St. Franziskus ins Leben gerufenen neuen religiösen Orden. Die Heiligkeit, die Lehre und das menschlich-gütige Verständnis jener Ordensbrüder brachten der häretischen Bewegung eine Reihe von Niederlagen. Und nach einigen Jahrzehnten, kann man sagen, war sie vollständig erledigt oder musste neue Formen annehmen.

Der Stützpunkt der Häretiker in der Romagna war in Rimini, der anmutigen Fischerstadt am Adriatischen Meer. Der heilige Antonius wurde sofort dorthin entsendet. Vom heiligen Prediger strömte eine so aussergewöhnliche Anziehungskraft aus, dass die Hindernisse nach und nach schwanden und die Bevölkerung dem Evangelium wiedergewonnen war, welches von jenen Ordensbrüdern in so überzeugender Weise vorgelebt wurde.

Spätere Schriftsteller, die mit Vorliebe auf Wunder ausgehen, erzählen ausführlich einige bezeichnende Wundertaten, die der heilige Antonius gewirkt haben soll, und reihen sie den Jahren seines unermüdlichen priesterlichen Wirkens ein. Das bekannteste davon ist wohl das Wunder der Fische, das viele Künstler zur Darstellung angeregt hat und uns in sagenhafter Ausschmückung erzählt wird.

Der Heilige predigt den Fischen

So erzählt uns der einfältig-gemütvolle Verfasser der «Fioretti» das Wunder der Fische.

Als einst der heilige Antonius in Rimini weilte, wo sich eine Menge von Häretikern befand, und er sie zum Lichte des wahren Glaubens und auf den Weg der Wahrheit zurückführen wollte, predigte und lehrte er mehrere Tage über die Lehre Christi und über die Heilige Schrift. Jene aber verweigerten nicht nur seine Belehrung, sondern wollten in ihrer Verstocktheit ihn gar nicht anhören.

Da begab sich St. Antonius eines Morgens auf göttliche Eingebung hin an den Meeresstrand, wo der Fluss Marecchia ins Meer mündet; er stand allein am Ufer und begann das Wort Gottes den Fischen zu verkünden: «Hört das Wort Gottes, ihr Fische des Meeres und des Flusses, meine Brüder! denn die ungläubigen Häretiker wollen es nicht hören!». Und kaum hatte er das gesprochen, da kamen die Fische - grosse, kleine und mittlerer Grösse - in solcher Menge an die Oberfläche, wie man sie noch nie in jenem Meere und in jenem Flusse gesehen hatte. Alle reckten den Kopf aus dem Wasser und waren zum heiligen Antonius hingewandt, friedlich und sanft und in schönster Ordnung. Ganz vorne und dem Ufer am nächsten waren nämlich die kleinsten, hinter ihnen die mittleren und zu hinterst, wo das Wasser tiefer war, reihten sich die grösseren Fische an. Den in solcher Ordnung angereihten Fischen begann der heilige Antonius nun feierlich seine Predigt zu halten: «Ihr Fische, meine Brüder, seid eurem Schöpfer zu grossem Dank verpflichtet, soweit es in eurer Macht steht, dass er euch ein so edles Element zum Aufenthalt bereitet hat, so dass ihr je nach eurem Bedürfnis süsses oder salziges Wasser habt. Auch hat er euch viele Zufluchtsstätten geboten, um euch vor dem Gewitter zu schützen; dazu hat er euch ein klares, durchsichtiges Element bereitgestellt, wo ihr genügend Nahrung finden könnt. Gott, euer fürsorglicher und gütiger Schöpfer hat euch, als er euch schuf, den ausdrücklichen Auftrag gegeben, zu wachsen und euch zu vermehren und hat euch seinen Segen dazu erteilt. Als dann die Sintflut hereingebrochen ist, gingen alle übrigen Tiere zugrunde, euch allein hat Gott verschont. Er hat euch mit Flossen ausgestattet, womit ihr euch überallhin bewegen könnt, wohin ihr wollt. Euch ward von Gott die Ehre zuteil, den Propheten Jonas aus den Fluten zu retten und am dritten Tage gesund und wohlerhalten ans Ufer zu bringen. Ihr habt dem Herrn eine Münze geboten, damit er, bei seiner Armut, den Steuerzins zahlen konnte. Durch ein besonderes Geheimnis dientet ihr dem König der Ewigkeit, Jesus Christus, vor und nach seiner Auferstehung als Speise. Für das alles seid ihr dazu gehalten, Gott zu loben und zu preisen, dass er euch grössere Wohltaten zuteil werden liess als anderen Geschöpfen».

Auf diese Belehrungen des heiligen Antonius hin fingen die Fische an, ihren Mund zu öffnen und das Haupt zu neigen; und mit derartigen und ähnlichen Zeichen der Verehrung lobten sie Gott in der Weise, wie es ihnen möglich war. Als dann der heilige Antonius solche Ehrfurcht vonseiten der Fische Gott dem Schöpfer gegenüber gewahrte, empfand er in seiner Seele eine grosse Freude und sprach laut: «Gepriesen sei der ewige Gott, denn mehr ehren ihn die Fische im Wasser als die ketzerischen Menschen, und sie, die unvernünftigen Tiere, hören bereitwilliger auf sein Wort als die ungläubigen Menschen!».

Je mehr der heilige Antonius predigte, desto mehr wuchs die Menge der Fische an und keiner entfernte sich von seiner Stelle. Auf dieses Wunder hin begann das Volk aus der Stadt herbeizuströmen und es kamen auch viele Häretiker. Als diese das Wunder sahen, das so gewaltig und überzeugend auf sie wirkte, warfen sie sich reumütig zu Füssen des heiligen Antonius, um seine Predigt zu hören. Und St. Antonius begann nun den katholischen Glauben zu predigen; er erklärte ihn so vornehm, dass er jene Häretiker bekehrte und sie zum wahren Glauben an Christus zurückführte.

Alle Gläubigen waren von Freude erfüllt und in

ihrem Glauben gestärkt und befestigt. Hierauf entliess der heilige Antonius die Fische mit dem Segen Gottes und alle entfernten sich mit ausserordentlichen Zeichen der Freude; dasselbe tat auch das ganze Volk. Der heilige Antonius blieb dann noch viele Tage in Rimini und mit seinen Predigten erntete er viele geistliche Früchte.

Weitere Wundertaten

Nachdem der erste Widerstand überwunden war, war es Antonius gelungen, eine Zuhörerschar zu gewinnen: jedoch brütete der kalte Schatten des Zweifels und der Irrlehre immer noch in zu vielen Seelen weiter. Es war ein neues Wunderzeichen nötig, um der Wahrheit Geltung zu verschaffen.

Der beliebteste Gegenstand der ersten Prediger aus dem Franziskanerorden war die wirkliche Gegenwart Jesu im Altarssakrament, denn die verbreitete Irrlehre der damaligen Häretiker bestand im Leugnen dieser geheimnisvollen und wunderbaren Gegenwart.

Dabei machten sie aus Eucharistie und Priestertum ein und dasselbe und wurden so zu Vorläufern eines Gedankenganges, der dann drei Jahrhunderte später zur Zeit der Reformation volle Entfaltung und weite Verbreitung erfahren sollte. Die belebende Gegenwart Jesu Christi im Sakramente ist die Speise und unüberwindliche Kraft des katholischen Priestertums. Ohne Eucharistie gibt es kein Priestertum. Und eben das Priestertum war es, das der von den Häretikern aufgestellten christlichen Kirche fehlte. Leider war ein Anhaltspunkt für diese Einstellung vorhanden: die Unwürdigkeit der Verwalter des Altarssakramentes. Wir Gläubigen aber wissen, dass der Leib Christi auch unter sündbefleckten Händen strahlend rein und wahr bleibt.

* * *

Sankt Antonius war eben dabei, die ihm vom Herrn anvertrauten Seelen im Glauben an das Eucharistische Geheimnis zu bestärken, als er einen Mann namens Bonvillo gewahrte, auf dessen Antlitz die ganze Bitterkeit des Unglaubens aus seinem ironischen Lächeln zu erkennen war. Nein, er konnte nicht glauben: Er, der Gottessohn, der König aller Zeiten, der Besieger des Todes, unser Leben, Er... - nein, Er konnte unmöglich in einem winzigen Stücklein Brot gegenwärtig sein.

Antonius unterbrach seine Unterweisung und fragte: - Bruder, wenn deine Mauleselin vor der heiligen Hostie anbetend niedersinken würde, würdest du dann an die Wahrheit der Gegenwart Christi in der Brotsgestalt glauben?

— Ja, gewiss, - antwortete Bonvillo. Und drei Tage lang liess er sein Tier ohne Futter, während der Heilige den Herrn anflehte, Er möge jener verirrten Seele Gnade erweisen.

Am vierten Tage drängte sich an dem Platze eine ungeheure Menschenmenge, um dem entscheidenden Augenblicke beizuwohnen.

Der Häretiker, aus dessen Augen das Kampfesfeuer seines Herzens brannte, sah auf seine ausgehungerte Mauleselin.

Nun erschien der Heilige, der in seinen Händen die heilige Hostie trug, und Bonvillo beeilte sich, der Eselin eine Garbe frischen, duftenden Hafers hinzuhalten.

Da erhob der Heilige seine glaubens- und liebedurchdrungene Stimme. Und die Mauleselin beachtete nicht im geringsten die dargebotene Hafergarbe, sondern beugte ihre Vorderhüfe zum Zeichen der Anbetung.

* * *

Keine Gnade senkt sich vergeblich auf uns hernieder: entweder wir nehmen sie auf und werden besser, oder wir weisen sie zurück und werden schlechter.

Das Wunder an der Mauleselin hatte die Häretiker zutiefst erschüttert: die Glaubensbereiten führte es zum Frieden des Glaubens, die Hartnäckigen jedoch verhärtete und vergiftete es noch mehr.

Eine Gruppe der letzteren, die Hauptanführer, die wegen der immer beängstigenderen Wirksamkeit des Heiligen vor Zorn entbrannt waren, entschlossen sich sogar, sich seiner zu entledigen. Das ist so die Kampfesart der Feinde Christi; das ist die Art der Beweisführung jener, die unrecht haben: sie beschimpfen, verleumden und töten jene, die freimütig eine Wahrheit verfechten, die ihnen lästig ist.

Sie sprachen beim Heiligen vor: Sie wären in

allem mit ihm einig, nur über einige Teilfragen der katholischen Lehre wären sie sich nicht im klaren... Ob er nicht in ihr Haus kommen wolle, um mit ihnen in aller Ruhe und Klarheit beim bescheidenen Mahle zu sprechen?

Er nahm an, denn er hoffte, irgendwie einen Lichtstrahl in diese irregeleiteten Seelen zu bringen.

Sie sitzen beim Mahle. Als sie ihm die Speise vorsetzen, erkennt der Heilige, vom Geiste Gottes erleuchtet und durch den bösen Blick jener Leute aufmerksam gemacht, die lebensgefährliche Falle. Jene Speise war nämlich vergiftet. Da erhebt er langsam seine Augen und lässt sie über die Gäste streifen, die schon ganz gespannt sind. Er spricht sie an: - Wozu dieser Betrug? - Er war stets im Kampfe ehrlich gewesen...

— So böse war unsere Absicht gerade nicht, - antwortete einer aus ihnen lächelnd. - Wir haben im Evangelium die Verheissung Christi gelesen: «Wenn sie auch Giftiges getrunken haben, so nehmen sie daran keinen Schaden», und so wollten wir uns vergewissern, ob es wahr sei.

Vor solch pharisäischer Böswilligkeit wird das Herz des Heiligen getrübt und sein Blick wird streng. Über die vergiftete Speise macht er ein Kreuzzeichen, indem er die Barmherzigkeit Gottes anruft, und unter dem betretenen Schweigen der Häretiker beginnt er zu essen.

Kein Zeichen von Widerwillen oder Unwohlsein war an ihm zu bemerken. Nach dem Essen erhebt sich

Antonius vom Tisch und grüsst. Die Gäste aber sind vom Wunder erschüttert und verwirrt und werfen sich weinend ihm zu Füssen.

Der gottbegnadete Lehrer der Theologie

Hätte jemand unseren Heiligen gefragt: «Wer bist du?», so hätte er wie einst Johannes der Täufer geantwortet: «Ich bin eine Stimme, die das Kommen des Herrn verkündet». Alles in ihm war wie vorausbestimmt für diese erhabene Sendung, die Seelen und die Gesellschaft seiner Zeit auf die Ankunft des Herrn vorzubereiten.

Jeder Priester ist wie eine Stimme, die im Auftrage Gottes die tiefe, wirkliche Bedeutung von Leben und Tod, die Liebe des Vaters, der im Himmel ist, die barmherzige Liebe zu den Brüdern, die hienieden mit uns leben, verkündet.

Es kann vorkommen, dass der Mensch, der mit dieser Sendung betraut ist, durch die Versuchungen und den unruhigen Lärm der Welt sich ablenken lässt. Gerade deshalb muss, wie die konsekrierte Hostie vom Strahlenkranz der Monstranz umgeben ist, so auch das Wort Gottes vom heiligmässigen Lebenswandel des Menschen, der es verkündet, eingerahmt sein.

Antonius predigte, aber seinem Wort gingen voraus und folgten nach das Gebet, die Herzensreinheit, die Güte gegen alle. So wuchs seine Heiligkeit im selben Masse wie seine häufige und überwältigende Predigt.

Das Geheimnis der Wirksamkeit seiner Predigt bestand ganz und gar in dieser Heiligkeit des Lebens, welche eine Gnadengabe Gottes ist, der im guten Willen des aufnahmebereiten Menschen wirkt; es stützte sich aber auch auf seine hervorragende Gelehrsamkeit. Er war ein Heiliger, aber auch ein tiefschürfender Kenner der Heiligen Schrift.

Die Worte Jesu erblühten beständig auf seinen Lippen, sodass nicht so sehr er als Mensch es war, der da sprach, sondern vielmehr die «Stimme Gottes», die durch seinen Mund und aus seinem lodernden Herzen in den Seelen der Zuhörer wirksamen Widerhall fanden.

Sankt Antonius war im Namen und in der Kraft Gottes ins Feld gezogen. Sein Eifer in der apostolischen Tätigkeit wie auch seine immer tiefere Innerlichkeit im Verkehr mit Christus verschleierten seine Augen nicht, sondern klärten sie zu schnellerem und durchdringenderem Blicke. Von Geburt aus eine aristokratische Natur, ein Nachkomme von Kriegern, übertrug der Heilige ins Missionarsleben die Kaltblütigkeit, die Entschlußsicherheit, die Klarheit und Festigkeit. Er war vielleicht der grösste geistige Führer seiner Zeit.

Er kannte die Gesellschaft, in der er das Wort Christi zu predigen hatte, aus der Nähe. Seit seinen Jugendjahren hatte ihn sein Scharfblick das Drama seiner Zeit erkennen lassen: einerseits das tiefgreifende Verlangen nach Gerechtigkeit und Güte, andererseits aber auch die schmerzlichen Wunden, die die damalige Zeit heimsuchten: die Unterdrückung der

Armen, die soziale Unordnung und die oft zu leerem und mattem Brauchtum erniedrigte Religion. Dazu das allgemeine Übel, das so viele christliche Generationen bedrückt: die religiöse Unwissenheit, der Aberglaube und die Ausbreitung der Häretiker.

Das erste Ziel war nun gesteckt: der Kampf gegen die Unwissenheit in religiösen Dingen. Jeder Schlag gegen die Unwissenheit war ein Hammerhieb gegen die Häresie; je reiner und reichlicher das Licht der Wahrheit strömte, um so mehr schwanden die Finsternisse des Irrtums.

Und siehe da! - Antonius besteigt die Lehrkanzel, um seine eigenen Mitbrüder, diese auserwählte Schar Gottes, in den Herrlichkeiten der vom Herrn geoffenbarten Glaubenslehre zu unterweisen.

* * *

Die näheren Umstände sind vorerst noch in Dunkel gehüllt. Immerhin ist es sicher, dass die Initiative zur Gründung einer theologischen Schule nicht vom heiligen Franziskus oder anderen Obern ausging, sondern vom heiligen Antonius selbst, der um die geistige Bildung seiner Mitbrüder sehr besorgt war. An Lebenserfahrung reich, in der Fülle der Entwicklung seines Geistes und Verstandes, begibt sich der Heilige in die Stadt Bologna und beginnt seine klaren, tiefgründigen und anziehenden Lehrstunden. Endlich bietet sich ihm die Gelegenheit, die unermesslichen Schätze seiner Gelehrsamkeit anderen zu vermitteln, seine Schüler zum erhabenen Gegenstand zu meistern, indem er ihm einen praktischen Zwecke widmet: die Zuhörer zu begeistern und sie zum apostolischen Wirken anzueifern. Auch im methodischen Unterricht in der Schule wirkt Antonius als Apostel, indem er die Wahrheit in den Dienst des Guten setzt.

Nicht mehr als zwei Jahre behielt er die Lehrstelle in Bologna. Im Jahre 1225 entsandten ihn die Obern, voll Bewunderung über seine Weisheit und Organisationsfähigkeit, nach den zwei Universitätsstädten Montpellier und Toulouse, um dort weitere theologische Schulen zu errichten und vor allem, um die häretischen Albigenser in ihrem Zentrum zu bekämpfen. Damit sind wir bei der herrlichsten Zeitperiode der apostolischen Wirksamkeit des heiligen Antonius angelangt, die an wunderbaren Früchten voll ist.

Er ist der erste Lehrer der Theologie im franziskanischen Orden, Gründer der ersten theologischen Lehrstühle von Bologna, Montpellier und Toulouse und später Padua, und er ragt als eine der erstrangigen Persönlichkeiten im geistigen Leben seines Zeitalters hervor.

Frankreich, das liebliche Land

Sankt Antonius sieht verwundert um sich. Eine süsse Weise klingt von ferne an sein Ohr und hält ihn in Bann. Schon seit fünf Tagen ist er auf Wanderschaft über staubige Strassen und endlich sieht er vor sich, in Licht und Farben getaucht, Frankreich.

Er sieht dieses Land zum erstenmal, und doch

hatte er es oft in seiner ritterlichen Jugendzeit gegrüsst, als er die bezaubernden Lieder der Troubadours und die träumerischen Weisen der Laute vernahm. In jenem Jahrhundert war Frankreich das gebildetste und höflichste der christlichen Länder: aus Frankreich kamen die schönsten Lieder, die kühnsten Ritter, die prächtige gotische Kunst, der Glanz der theologischen Schulen aus Paris.

Aber die anlockenden Erinnerungen, die diese Begegnung in ihm hevorruft, schwinden plötzlich. Er war ja nach Frankreich gekommen, um dem von der Häresie irregeleiteten Volke das Wort Christi zu bringen. Der Süden Frankreichs war sozusagen das Hauptquartier der Albigenser: von hier aus verseuchte seit einiger Zeit die falsche Lehre Spanien, Italien und alle christlichen Nationen. Um jene eitrige Wunde zu vernarben, hatte die religiöse Obrigkeit im Einvernehmen mit der politischen alle Mittel erdacht und angewendet, sogar die Gewalt bei einem Kreuzzug. Eine Idee mit Gewalt niederdrücken bedeutet aber, ihre Ausbreitung fördern.

Im Kampfe für die Wahrheit ist aber nicht das Besiegen, sondern das Überzeugen von wesentlicher Bedeutung.

Durch die bereits erreichten Erfolge war der Heilige in den Augen des «Poverello», des heiligen Franziskus, als der tüchtigste aller seiner Ordensbrüder erschienen, der durch Liebe gegen die unaufhaltsame Überflutung des Bösen anzukämpfen wusste. Nun blickt Antonius betrübt, aber entschlossen auf dieses kranke Frankreich, das zu heilen er sich vorgenommen hatte.

* * *

Die Tage des heiligen Antonius sind gezählt; er fühlt, dass er nicht als Greis sterben wird. Daher muss er sich beeilen. Zwanzig Monate Aufenthalt in Frankreich müssen ihm genügen, um mit der ganzen Hingabe und überall sich einzusetzen. Von Montpellier nach Toulouse, Le-Puy, Bourges, von den milden Mittelmeerküsten zum fruchtbaren Zentrum Frankreichts dringt er mit zündendem und energischem Kampfeseifer vor. In ihm, dem Nachkommen alten Rittergeschlechtes, liegt etwas von der Natur Napoleons. Er ist Prediger, Prophet, Wundertäter, Verteidiger des Glaubens, Professor, Einsiedler, Ordensoberer...; von der einen Form der Wirksamkeit geht er mit staunenswürdiger Leichtigkeit zu andern über, indem er sich vollständig in die nächste fügt und ihr jene Überfülle apostolischen Eifers widmet, die gewaltig und beschwingt zugleich ist, das Zeichen eines aussergewöhnlichen Mannes, des würdigen geistigen Nachkommen und Erben des heiligen Franziskus von Assisi.

Antonius hielt sich zunächst in Montpellier, der Heimat des heiligen Rochus, auf. Er verkündete in der Stadt und in deren Umgebung die Lehre des Evangeliums und organisierte die Offensive der Katholiken gegen das hinterlistige Vordringen der Häresie. Er bekämpfte die Verderbtheit der sittlichen Lebensführung, die mit dem Irrtum Hand in Hand geht.

Jetzt steuert er auf Toulouse zu, der üppigen und unsittlichen Stadt, dem Vorposten der Albigenser. Wie in Bologna, so übernimmt er auch hier den theologischen Unterricht, ohne deshalb die Wirksamkeit unter dem Volke ausser Acht zu lassen, und er gewinnt viele Abtrünnige dem Lichte Christi zurück. Antonius ist ein wohlgeübter Kämpfer, er versteht zum Angriff vorzugehen, aber auch im Schützengraben verborgen zu verharren. Der Kampf gegen die Häresie ist ein erbitterter. Ein zermürbendes Hin- und Herziehen, das kein Ende nehmen will. Die Kampfestaktik des Häretikers ist jene, die man sich von einem erwartet, der sich in seiner Stellung gesichert weiss und fanatisch sich darauf versteift. Kämpft er überdies nicht in gutem Glauben, so ist von ihm keine Einsicht zu erwarten. Dagegen kann man nur weiterkämpfen, kämpfen mit hartnäckiger und aufreibender Geduld, nur weil Gott es will.

Man kann sich leicht denken, was dieser hinterlistige Kampf unseren Heiligen gekostet hat, der ja jeder feigen Heimtücke feind war und stets mit offenem Visier kämpfen wollte.

Der Prophet

Nachdem der heilige Antonius den Süden Frankreichs durchwandert hatte, wo er Wohltaten spendete und die Seelen im Glauben bestärkte, wandte er sich nach dem Zentrum des Landes.

Wenige Monate zuvor war er zum Superior des

Franziskanerklosters von Le-Puy ernannt worden. Unterwegs traf er öfters einen Notar, der ein ungeordnetes Dasein führte und den Guten grosses Ärgernis gab. Jedesmal hielt Antonius inne und verneigte sich vor ihm. Jener aber suchte, da ihm diese Ehrenbezeigung lästig war, die Begegnung mit dem unerwünschten Ordensmann zu vermeiden. Trotz dieser Vorkehrung begegnete er eines Tages dem seltsamen Ordensmann, der ihn wie immer mit einer ehrfürchtigen Verbeugung grüsste. Einige vorübergehende Leute waren dabei stehengeblieben und hatten vergnügt zugesehen.

Der Notar spürte in sich den Zorn aufwallen...: das war doch die Höhe! Er - auf solche Weise lächerlich gemacht, vor allen Leuten, mitten auf dem Platze!

— Frater! - sagt er vor Zorn bebend, während seine Hand nach dem Schwerte greift. - Es sei das letztemal, dass du mit mir solch albernes Spiel treibst!

— Ehrwürdiger Herr, - antwortet Antonius mit wehmütigem Ton - in meiner Jugendzeit habe ich mich lange und leidenschaftlich nach dem Martyrium gesehnt. Aber Christus hat mir diese so grosse Gnade nicht gewährt. Nun beneide ich Euch und zugleich verehre ich Euch, denn Gott hat mir geoffenbart, dass Ihr innerhalb kurzer Zeit Euer Blut zur Verteidigung unserer heiligen Religion vergiessen werdet... -.

Ein schallendes Gelächter vonseiten des Notars war die Antwort auf jene Vorhersagung. Die wenigen Worte hatten genügt, ihm seine übliche gute Laune wiederzuschenken. Er entfernte sich, ohne auch nur im entferntesten zu ahnen, dass er einige Jahre später aus Reue über seinen ausgelassenen Lebenswandel den

Kreuzfahrern sich anschliessen und tapfer den Tod auf sich nehmen wird, um Jesus Christus nicht zu verleugnen.

* * *

Der Widerhall seiner Lehre und der Ruf seiner Heiligkeit verbreiteten sich schnell. Wohin er sich auch begab, führten Ehrfurcht und Neugierde die Menschenmassen ihm entgegen, um sein Wort zu hören.

Um jene heilsbedürftigen Seelen war er so sehr besorgt. Antonius wusste, dass es manchmal nur eines Trostwortes bedarf, eines Blickes, eines Segensspruches, um einen Leidgeprüften wieder aufzurichten.

Man darf eben nicht glauben, dass der grosse Apostel mit der Überfülle von Arbeit etwas von seiner geistigen Frische verloren habe. Sein Verkehr mit Gott blieb wunderbarerweise lebendig und hingebungsvoll. Die Erfahrung hatte ihn gelehrt, die wenigen freien Augenblicke zu nützen, um sich von der Welt und den Menschen abzusondern, sich zurückzuziehen vor dem Ansturm der kleinlichen Sorgen und der täglichen Armseligkeiten. Das ist nicht Egoismus! Jede Seele braucht ihre Augenblicke des Stillschweigens, die Begegnung mit sich selbst und den vertraulichen Verkehr mit Gott. Wir müssen den Rhythmus, den Gott unserem Leben aufprägt, einzuhalten verstehen, denn Er ist es, der uns führt. Infolgedessen gibt es Augenblicke der Innerlichkeit mit Gott, die einen tieferen Einfluss ausüben als ganze Jahre der bewegtesten äusserlichen Tätigkeit.

Von Jugend auf hatte der Heilige eine besondere

Vorliebe für die Einsamkeit und fand daher im Gebete und in der eifrigen Betrachtung seine geistige Nahrung. In der Nähe von Brive, in einem kleinen Tale zwischen Hügeln, die von Eichen und Kastanienbäumen bewachsen waren, hatte er ein Klösterlein gegründet, das ihn oft mit seiner einsamen beschaulichen Ruhe anzog. Um noch mehr für sich allein zu sein, suchte er sich eine nahe Grotte aus und machte sie zu seiner bevorzugten Zelle. Dorthin zog er sich von Zeit zu Zeit zurück, wenn er den bedrückenden Sorgen der Welt und den Aufregungen des Apostolates entfliehen wollte, um dort sich ganz der Beschaulichkeit der himmlischen Dinge hinzugeben.

Eines der beständigen Wunder seines Lebens war sein gänzliches Misstrauen gegen sich selbst und die Überzeugung, dass Gott allein ihm das Licht und den Mut, dessen er bedurfte, verleihen konnte.

Die Erscheinung des heiligen Franziskus

Der heilige Franziskus hatte die Absicht, nach Frankreich, das er vor allen anderen Ländern bevorzugte, zu kommen, um persönlich am *geistigen Kreuzzug* gegen die Häresie der Albigenser teilzunehmen. Es war schon auf der Reise dorthin, als der Kardinal Ugolino, der Protektor des Ordens, ihn bat, in Italien zu bleiben, um sich der Ordensfamilie zu widmen, die an Zahl und Initiative ständig im Wachsen war und einer wirksamen Zentralleitung bedurfte. Es ist anzunehmen, dass der Seraphische Heilige selbst den wissenschaftlich und geistig vorbereitetsten seiner Ordensleute nach Frankreich entsandte, um den Kampf aufzunehmen, dem er selbst schweren Herzens entsagen musste. Antonius hat sich ganz für die Sache eingesetzt und der Kampf war seiner würdig. Der Ruf seines schnellen Erfolges sprach sich herum, nicht nur im Volke, sondern auch in den Kreisen der kirchlichen Hierarchie. In einer grossen Versammlung der Bischöfe und der bedeutendsten kirchlichen Würdenträger Frankreichs, welche zu Bourges in Anwesenheit eines Vertreters des Papstes stattfand, wurde tatsächlich auch der portugiesische Ordensmann zur Teilnahme eingeladen. Prälaten und Gottesgelehrte hatten eine politisch-religiöse Frage grösster Dringlichkeit aufgeworfen, als unser Heiliger aufgerufen wurde, seine Meinung zu äussern. Er legte seinen Verständigungsplan nicht in akademischer Redeart dar. In aller Offenheit wandte er sich gegen den Bischof der Stadt, Simon de Sully:

— Dir gilt mein Wort, der Du die Mitra trägst! Der religiös-politische Friede wird nur die Frucht der Rechtschaffenheit und des guten Beispiels vonseiten des Klerus sein, nicht aber die Frucht gelehrter Verhandlungen.

Wenn der uns überlieferte Bericht den Tatsachen entspricht, so hatte der Bischof de Sully diesen grossen Fehler auf dem Gewissen: er stand dem apostolischen Wirken der neuen religiösen Orden, nämlich der Dominikaner und Franziskaner, feindlich gegenüber, die doch mit ihrem heiligmässigen Lebenswandel und ihrer Lehre als einzige imstande waren, der Anmassung der Häretikerpropaganda die Stirn zu bieten.

Der Bischof bekannte sein Unrecht ein und trug es dem Ordensmann nicht nach, dass dieser ihn so freimütig vor der ganzen Versammlung getadelt hatte, ja er wurde sogar ein Freund des Heiligen und der Franziskaner.

Vielleicht dünkt es uns befremdend, dass ein junger Ordensmann, der überdies kein kirchliches Amt bekleidete, mit solcher Redefreiheit und so heftigem Temperament auftreten konnte.

Der heilige Franziskus hätte es nie gewagt, einen Bischof öffentlich zurechtzuweisen! Aber der heilige Franziskus war auch nicht Priester, wohl aber der heilige Antonius. Ferner bedeutet es nicht Mangel an der nötigen Unterwürfigkeit und der gebührenden Ehrfurcht der Synode gegenüber, die eine Art Kriegsrat ist, dass man den übrigen Würdenträgern die Lage und die Pflichten der Hirten einer von Wölfen bedrohten Herde zum Bewusstsein bringt.

* * *

Am Pfingstfeste 1226 waren die Franziskaner der Provence zu Arles versammelt, um ihre Obern zu wählen.

Unter dem ehrfürchtigen Schweigen der Versammelten erhob sich unser Heiliger und sprach über die Worte, welche die Feinde Christi an seinem Kreuze angebracht hatten: «*Jesus von Nazareth, der König der Juden*». Und während er die Ausführungen über das tiefe Mysterium der Erlösung darlegte, das auf

Kalvaria seinen tragischen Abschluss gefunden hat, durchflutete eine innere Freude das Herz aller Anwesenden.

Was war geschehen?

Sankt Franziskus war am Vorabend seines Hinscheidens durch ein neues Wunder erschienen, um seinen fernen Ordensbrüdern seinen Segen zu erteilen und bekundete dabei seine besondere väterliche Liebe zu jenem heiligen und tüchtigen Sohn. Ein Ordensmann namens Monaldo sah nämlich, als er emporblickte, den «Poverello» in der Höhe schwebend, mit ausgebreiteten Armen und strahlendem Antlitz.

Später wurde der heilige Antonius zum Custos einer Gruppe von Klöstern gewählt - eine sehr heikle Aufgabe, die ihm die günstige Gelegenheit bieten sollte, ungemein viel Gutes zu tun. Als Superior war er den Ordensleuten «mehr als eine Mutter», so bezeugt ein Zeitgenosse. Wenn er einerseits auf den Plätzen und in den Kirchen die Menschenmassen unterwies und die Anhänger der Irrlehre zum Lichte Christi führte, so zog er anderseits innerhalb der ernsten Klostermauern seine untergebenen Brüder durch sein leuchtendes Beispiel zur Heiligkeit hin.

Wunderbare Gaben von Geduld und verzeihender Liebe, von Energie und zarter Liebenswürdigkeit waren in seinem Herzen verborgen. Er war wirklich «mehr als eine Mutter»! Er verstand es, die Ängstlichen zu trösten, er war für allen Kummer aufgeschlossen; und sooft der Groll der Häretiker und die Drohungen der Feinde sich erhob, um die Reinheit der

Freunde Christi zu zerstören, war Antonius immer bereit, ihr bescheidenes und einfaches Leben in Schutz zu nehmen.

* * *

Ein Chronist erzählt, dass eines Abends nach dem kärglichen Mahle, während der Heilige in Andacht versunken betete, einige Ordensbrüder beim Austreten aus der Kirche im spärlichen Mondlicht eine Rotte von Lumpen sahen, die sich anschickten, das anliegende Feld eines ihrer Wohltäter zu zerstören.

Empört eilten sie schnurstracks zum Heiligen und erzählten ihm bestürzt, was sie vorhin gesehen hatten.

— Beruhigt euch und kehrt zum Gebet zurück! Was ihr gesehen zu haben glaubt, war nur eine Täuschung des bösen Feindes. -

Es war tatsächlich so. Am darauffolgenden Tag sahen sie, dass das Feld von üppigem Korn prangte.

Sein Ruf als Prediger liess täglich mehr Leute herbeiströmen, so dass auch die geräumigsten Kirchen nicht mehr imstande waren, die Menschenmengen zu fassen, die herbeigeeilt kamen, um das Wort Gottes zu hören.

So zog er denn hinaus auf die Plätze und predigte unter dem unendlichen weiten Gewölbe des Himmels, wenn er nicht gar genötigt war, einen Baum inmitten einer grünen Wiese zu besteigen.

Auf dem grossen Platze von Limoges, wo in alten Zeiten das römische Amphitheater ragte, hielt der Heilige einst eine dichtgedrängte Hörerschar in Bann, als plötzlich dichte Wolken den Himmel verdeckten.

Wegen des drohenden Gewittersturmes begann das Menschengedränge bereits sich aufzulösen, um sicheren Schutz zu suchen. Aber Antonius beschwichtigte die Leute, indem er sogleich ausrief:

— Fürchtet euch nicht; hier an diesem Platz wird kein einziger Regentropfen fallen.

Bald darauf entlud sich der Sturm unter Blitzeszucken und dumpfem Donnerrollen in Strömen. Auf dem Platze von Limoges jedoch fiel auch nicht ein einziger Tropfen.

IN SEINEM PADUA

Neue Blickfelder des Wirkens

Während Antonius sich mit so grossem Eifer dem Apostolate und der Leitung der Ordensbrüder widmete, erhielt er im Herbst 1226 eine überaus traurige Nachricht: Der Seraphische Franziskus von Assisi war am Abend des 3. Oktober gestorben. Wem es bekannt ist, wie sehr der «Poverello» von seinen geistigen Söhnen geliebt und verehrt wurde, kann sich vorstellen, welchen Schmerz das Herz unseres Heiligen empfunden hat.

Bruder Antonius, Kustos der Klöster Südfrankreichs, erhielt einige Monate darauf die Aufforderung, sich zum Generalkapitel zu begeben, welches in Assisi für den Mai 1227 festgesetzt war, um dem verstorbenen Seraphischen Heiligen einen Nachfolger zu bestimmen und besonders, um die Berührung mit dem Franziskanischen Ordensideal wieder aufzunehmen und für einen grossen Zuwachs des Ordens Vorsorge zu treffen.

Er begab sich mit einer gewissen Unruhe auf den Weg.

Er war von erprobter Fügsamkeit gegenüber den Plänen der göttlichen Vorsehung, die sich ihm durch die Forderungen des Gehorsams kundgaben.

Als er eines Tages ein kleines Dorf durchzog und von Müdigkeit erschöpft war, bat er eine Frau aus dem einfachen Volke um eine kleine Erquickung. Die Frau, die ein gutes Herz und grosse Ehrfurcht vor dem Manne Gottes hatte, nahm ihn in ihr Haus auf und bot ihm Speise an. Unterdessen ging sie in den Keller, um etwas Wein zu holen. Aus Unachtsamkeit stiess der Mitbruder des heiligen Antonius - die Ordensbrüder reisten nämlich nie allein - einen Becher um, sodass er am Boden zerbrach. Die dienstbereite Frau war inzwischen zurückgekommen und schenkte den Gästen den Wein ein. Da fiel ihr ein, dass sie das Fass nicht verschlossen hatte, von dem sie den Wein genommen hatte. So war aus dem Fass der ganze kostbare Inhalt geronnen. Der Wundertäter war von Mitleid gerührt und verweilte einen Augenblick im Gebete. Dann sammelte er die Scherben des zerbrochenen Glasbechers und stellte diesen wieder vollkommen zusammen. Zugleich sprudelte auch das Faß wieder von vorzüglichem Wein.

Ein Wunder, das jedenfalls die Überlieferung von der Heiligkeit sowie von dem seltenen Edelsinn und Feingefühl des grossen Heiligen widerspiegelt.

So zog Antonius Trost und Wohltaten spendend durch die Ortschaften Frankreichs und Italiens und erschien zur festgesetzten Zeit im Generalkapitel in der Stadt Assisi. Vermutlich wurde der Wundertäter nicht für das hohe Amt eines Nachfolgers des heiligen Franziskus angeworben. Aber trotzdem wurde sein Name genannt, insofern für die Leitung eines wichtigen Ordenszweiges vorgesorgt werden musste: die Provinz Emilien. Darunter verstanden die Franziskaner der damaligen Zeit das Gebiet am Po, das sich in Fächerform gegen die Alpenkette hin ausdehnt; es entspricht dem heutigen Oberitalien, dem bevölkertsten und arbeitsamsten Gebiet Italiens, reich an Städten und Verkehrszentren, aber damals auch vielen Gefahren in religiöser und sittlicher Hinsicht ausgesetzt.

Wie wir alle, so sind auch die Heiligen den Gesetzen des Lebens unterworfen. Ihr Wirken kennt Augenblicke fieberhafter Tätigkeit wie auch Stunden langsamen Dahinsiechens, Augenblicke kühner geistiger Höchstleistung unterbrochen durch schwerlastende Stunden der Versuchungen und der Unsicherheit. Als der heilige Antonius in Assisi am Grabe des Seraphischen Heiligen weinend niederkniete, konnte er es kaum glauben, dass dieser zarte, abgezehrte Leib nie mehr die Hand zum Segen und die Stimme zu einem Friedensworte erheben würde, dass jenes Lächeln im bleichen Antlitz nicht mehr sein grenzenloses Frohsein ausstrahlen sollte!

Für einen Augenblick war er bestürzt. Dann nahm der Heilige, durch das Gebet gestärkt, sein nicht mehr allzu langes Wandern auf Gottes Wegen wieder auf. Drei Jahre hindurch, von 1227 bis 1230, war er der Schutzgeist für die ihm anvertrauten Mitbrüder. Die alten Lebensaufzeichnungen bezeugen übereinstimmend und mit Nachdruck, dass die vielfältige apostolische Tätigkeit den Heiligen keineswegs von seiner klar vorgezeichneten und heiklen Aufgabe ablenkte: seine Mitbrüder auf der erhabenen Höhe des Franziskanischen Ideals zu bewahren. Der Einfluss seiner ausserordentlichen Persönlichkeit, die alle Gnadengaben eines Vaters und geistlichen Führers gottgeweihter Seelen in sich vereinigte und ergänzte, war sicherlich weithin wirksam. Schon bald sah man um ihn herum eine funkelnde Sternenreihe von frommen Seelen ergänzen, die der Welt die Wärme der Vaterliebe Gottes und den Glanz der Wahrheit Christi bewahrten.

Apostel des Volkes

Von Kloster zu Kloster durchwanderte der heilige Antonius Kilometer über Kilometer zu Fuss zu allen Jahreszeiten; so durchzog er alle Strassen und verweilte in allen bedeutenderen Städten seiner Provinz. Im weit zurückliegenden 13. Jahrhundert erreichte das mittelalterliche Leben einen hohen Aufschwung. Es war die Jugendblüte einer neuen Zivilisation, reich an Idealen und Poesie, kühnen Heldentaten und begeisternden Entdeckungen. Aber wie eben jede Jugendzeit, so musste auch diese sich wider ankämpfende Gegenströmungen und zersetzende Spannungen behaupten.

Italien stellte damals das bunte Bild einer Unmenge kleiner Staaten dar, zwischen denen ständig

Krieg herrschte: Stadt gegen Stadt, Adelige gegen das niedere Volk, Staat gegen Kirche. Und das erfahrungsgemässe Ergebnis: Verheerungen, Beutezüge, erbitterte Kämpfe, Verbannung, unversöhnlicher Hass, Elend. Die Gesetze waren mit roher Härte geprägt und begünstigten die Bestrebungen des reichen Bürgertums gegen jene des kleinen Volkes. Dem Heiligen wird die Aufgabe zufallen, durch diese Schwesterstädte zu ziehen, die christliche Botschaft des Friedens zu bringen und alle Menschen guten Willens aufzurufen zu einem Kreuzzug der Eintracht und Güte. In Padua, seiner Lieblingsstadt, wird er die Stadtregierung veranlassen, das grausame Gesetz gegen die Schuldner zu mildern. Und in seinen stürmisch begeisterten Predigten wird der Heilige mit aller Schärfe gegen eines der unheilvollsten Übel der Zeit ankämpfen: gegen den Wucher. Die Wucherer mit ihrer unersättlichen Gier waren es, die viele Familien von Bedürftigen zur Verzweiflung, ins Elend und sogar zum Verbrechen trieben.

Spätere Chronisten berichten uns diesbezüglich eine legendenhafte Episode, die grosse Künstler zur Darstellung anregte. Ein alter Herr war gestorben, der durch Wucher und Raub, die er Jahre hindurch skrupellos gepflogen hatte, zu Wohlstand emporgekommen war. Eine einzige, unbezähmte Leidenschaft hatte sein Leben beherrscht und jedes andere Gefühl der Menschlichkeit und Gerechtigkeit erstickt: das Geld. Der heilige Antonius, der gerade des Weges kam, wurde gebeten, ihm die Grabrede zu halten.

Da begann der Heilige, den Ausspruch Jesu darzulegen: «Wo dein Schatz ist, da ist auch dein Herz». Jesus hatte eine grosse Wahrheit aufgedeckt, als er den Menschen als Knecht seines eigenen Herzens bezeichnete.

Das Herz ist es, das über das Schicksal eines Menschen entscheidet: ist das Herz auf die Liebe zu Gott und zum Nächsten gerichtet, so wird das Leben die Blüten guter Werke und innerer Freude hervorbringen; neigt jedoch das Herz zur Missachtung Gottes und zur Ausbeutung des Nächsten, so wird das Leben von unersättlicher Ichsucht und vom Schrecken vor dem Tode vergiftet.

So nützten auch jene Begräbnisfeierlichkeiten und Gebete und die ganze Trauer dem Wucherer nichts, der die Gnaden des Herrn verscherzt und nur das Gold angebetet hatte.

Die Teilnehmer waren beim Anhören so scharfer Worte aufs Tiefste beeindruckt. Vor allen anderen aber waren die nächsten Angehörigen des Geizigen erschrocken, als der Heilige offen erklärte, man müsse den Toten ausserhalb des Friedhofes begraben, da er verdammt sei. Sie wollten es nicht glauben. Da fügte Antonius unerbittlich hinzu: - Zum Beweise, dass ich die Wahrheit sage: gehet hin, schliesst den Geldkasten des Geldgierigen auf: ihr werdet dort sein Herz finden.

Voll Entsetzen und Furcht eilten die Angehörigen ins Haus des Wucherers; und nachdem sie den Geldschrank geöffnet hatten, fanden sie mitten im Gold das noch warme Herz jenes Mannes, das zu Lebzeiten nur für das Geld geschlagen hatte, jedes menschlichen Gefühles bar.

Ritter ohne Furcht

Wie die Ritter der alten Sagen, wusste Antonius von Padua dem Feinde tapfer die Stirn zu bieten. Die Lebensbeschreiber wetteifern in der Verherrlichung seiner Kühnheit und Unerschrockenheit, sowohl gegenüber den von den politischen Strömungen aufgereizten Volksmassen als gegenüber den «Grossen» dieser Welt. War die Gerechtigkeit oder Ehrlichkeit auf dem Spiele, so erwachte im unscheinbaren Franziskanermönch plötzlich der Sohn des Kreuzritters, der Sprosse eines Kriegerstammes ohne Fehl und Furcht. Seiner selbst, seiner persönlichen Unverletzlichkeit sowie seiner Lage als wehrloser Ordensmann nicht achtend, warf er sich eifrig dort ins Gefecht, wo der Kampf am erbittertsten loderte. Es war nur eine Sache christlicher Rechtschaffenheit. Wer zum Schild eines Ideals wird, muss bereit sein, sobald sich die Gefahr zeigt, sich obenan zu stellen und in erster Reihe dem Feinde gegenüberzutreten.

Um die Begebenheit, die nun erzählt werden soll, besser zu verstehen, ist es notwendig, sich vor Augen zu halten, dass zur Zeit des Heiligen die zwei sich gegenseitig bekämpfenden politischen Parteien Welfen und Gibellinen hiessen. Die ersteren folgten einem Programm, das wir heute demokratisch nennen würden und stützten sich auf die Kirche; die letzteren hingegen befehdeten die Autonomiebestrebungen und städtischen Freiheiten im Namen der kaiserlichen Autorität, in Wirklichkeit jedoch zugunsten einer Sippschaft von mächtigen aristokratischen Familien. Die beiden Parteien hielten aber unter einer politischen Förmlichkeit einen zügellosen Ehrgeiz und eine erbitterte Nebenbuhlerschaft verborgen, um sich in einer masslosen Besitzlust die Macht zu sichern. Im venezianischen Gebiete, wo unser Heiliger weilte, war damals Ezzelino da Romano der Führende der Gibellinen, ein Politiker und Heerführer ersten Ranges, aber von unbezähmbarem Ehrgeiz durchdrungen, der ihn zu verhängnisvollen Ausschreitungen verleitete. Vom Glück begünstigt, war es ihm in kurzer Zeitspanne gelungen, einen Grossteil des Veneto unter seine Herrschaft zu bringen. Da er den Sieg zur Gänze erringen wollte, liess er im April 1231 den Grafen Sambonifacio, einen der einflussreichsten Führer, mit List überfallen und gefangennehmen.

Die Stadt Padua wurde davon benachrichtigt und sandte seine Truppen gegen Ezzelino. Was sollte aber ein so kleines, ungeordnetes und wildes Heer ausrichten gegen einen so schlauen Strategen wie Ezzelino? Nichts. Auch die grossmütigen Bemühungen von Freunden konnten auf diplomatischer Ebene keinen Erfolg erzielen. Es blieb ein letztes Mittel: die Vermittlung von Bruder Antonius. Er war ein Heiliger, stets hatte er sich über alle Parteien hinweg gehalten. Er hatte auch die Gabe, die hartnäckigsten Herzen zu rühren.

Von den Paduanern um Hilfe gebeten und voll Mitleid wegen des schweren Schicksals des edlen Grafen, begab sich der heilige Antonius nach Verona, trat kühn vor Ezzelino und mit bewegten Worten bat er, dass der Graf befreit werde und dass man die Herausforderungen und Unterdrückungen einstelle. Auch dieser Versuch misslang. Der Heilige hatte zwar die heiligsten und gerechtesten Gründe vorgebracht, jedoch war Ezzelino nicht der Mann, der sich hätte bewegen lassen, er war zu sehr in seine eigensüchtigen Interessen verbohrt und voll Verachtung blieb er unnachgiebig bei seiner Meinung.

Die letzte Fastenpredigt

Padua hörte die letzte grosse Predigt des heiligen Antonius vom 6. Februar bis zum 23. März 1231. Vielleicht ahnte der Heilige bereits, dass es seine letzte Predigt sein werde, da ein unbekanntes Übel seinen Organismus aufzehrte, welcher übrigens nie mehr die volle Gesundheit genossen hatte, seitdem ihn an den Küsten von Marokko das Malariafieber befallen hatte. Die Wassersucht kam noch hinzu und entstellte seinen Leib; trotz allem wollte er sein gegebenes Versprechen einhalten.

Sein erster Lebensbeschreiber, der auch Augenzeuge war, bewahrte eine bewegte Erinnerung an jene Fastenzeit.

In einer Februarnacht, als die Fastenzeit erst kurz zuvor angebrochen war und der Heilige in seiner schmucklosen und kalten Zelle ruhte, fühlte er sich von einer ruchlosen Hand an der Kehle gefasst und gewürgt. Es war der Teufel. Antonius erwachte plötzlich und konnte kaum den Namen Mariä flüstern und das Kreuzzeichen machen. Sofort fühlte er sich frei und als er die Augen aufschlug, als wollte er mit dem Blick den fliehenden Satan verfolgen, sah er seine Zelle von Licht überstrahlt.

Schon am Anfang seiner Predigt strömte das Volk in Mengen aus allen Teilen der Stadt und der umliegenden Landschaft herbei, um das Wort des Evangeliums aus dem Munde des Heiligen zu hören, so dass es nötig war, mehrere Predigten am Tage in verschiedenen Kirchen der Stadt anzusetzen, wo ein bestimmter Teil der Gläubigen zusammenkommen konnte. Dann genügten aber auch die dazu ausgewählten Kirchen nicht mehr und die Predigten mussten im Freien gehalten werden, auf einer weiten Wiese ausserhalb der Stadtmauern Paduas. So gross war das Verlangen nach dem Worte des heiligen Franziskanermönchs, dass die Leute die Nacht opferten, um im Wetteifer mit brennenden Lampen an die Stelle zu gelangen, wo am Morgen die Predigt gehalten werden sollte. Der alte Chronist schreibt: Inmitten der Nacht hättest du Edelherren und adelige Frauen, die an weiche Diwane gewohnt waren, anspruchslos herbeieilen sehen können, vom einzigen Verlangen getrieben, von der Nähe aus das Antlitz des Heiligen zu schauen. Greise, Jünglinge, Männer und Frauen strömten in Massen dorthin, in rauhe Kleidung gehüllt wie Ordensleute. Auch der ehrwürdige Bischof von Padua, Konrad, kam mit seinem Klerus, um andächtig die Predigt des Gottesmannes zu hören, indem er zum Schäflein in seiner eigenen Herde wurde.

Die Ernte ist gross

Der heilige Antonius, der auf der Kanzel eine Grösse darstellt, war es nicht minder im Beichtstuhl. Das apostolische Wirken erreicht seinen Gipfelpunkt in der Heimholung der geernteten Seelen, die durch Leiden einzeln herangereift sind und als kostbare Frucht Gott dargebracht werden. Man muss es persönlich erfahren haben, um verstehen zu können, wie schwer es ist, die Herzen zu gewinnen, das Gewissen aus der lähmenden Starrheit aufzurütteln und vom Elend der Sünde zu überzeugen. Die Predigt ist die Saat, die Beichte ist die Ernte. Seelen ernten: es gibt keine Arbeit, die einen Diener Gottes mehr aufreibt.

Im Beichtstuhl kam unserem Heiligen oft die entschwindende Zeit gar nicht zum Bewusstsein. Es gab Tage, so bemerkt sein erster Lebensbeschreiber, an denen er bis Sonnenuntergang ununterbrochen die Beichte hörte. Die mütterliche Seelenfreude, die ihn überfliessen liess, während er die Sünder durch das Sakrament der Busse dem Lichte der Gnade zurückführte, durchströmte ihn derart, dass er die Müdigkeit, die Kälte und das Bedürfnis nach Speise vergass. Es war als müsste er in der liebevollsten Sorge des alten Vaters im Gleichnis vom verlorenen Sohne entbrennen. «O Beichtsakrament, so schreibt der heilige

Antonius, du bist die Pforte des Himmels! Durch die Beichte darf der reuige Sünder gleichsam die Füsse und Hände und das Antlitz Gottes küssen. Demütigt euch, Brüder, und tretet durch diese geistige Pforte ein!».

Während er durch die Fastenpredigten am Beichthören verhindert war, wuchs die Schar der Beichtkinder, die sich an seinen Beichtstuhl herandrängten, zu einer Legion an. Da kamen mehrere Mitbrüder dem Wundertäter zu Hilfe. Sie konnten jedoch dem Gedränge von Männern und Frauen, die sich mit Gott versöhnen wollten, nicht beikommen. «Einige von ihnen, so bezeugt der alte Geschichtsschreiber, behaupten, sie wären durch eine geheimnisvolle Vision zur Beichte angeregt und an den heiligen Antonius verwiesen worden, mit der ausdrücklichen Mahnung, seinen Rat zu befolgen; andere hingegen bekannten nach dem Tode des Heiligen den Ordensbrüdern, er selbst sei ihnen erschienen und habe ihnen die Namen der Beichtväter genannt, bei denen sie ihre Beichte ablegen sollten, um die Verzeihung zu erlangen». Zu allen Zeiten hatte die Kirche Apostel des Beichtstuhles aufzuweisen. Unser Heiliger wird auf Grund seiner Schriften und seiner geschichtlich bezeugten Wirksamkeit unter die eifrigsten und tapfersten Fischer von Menschenseelen gezählt.

Mitunter gab es auch aufregende Ereignisse, die durch die fromme Legende eine bunte Ausschmückung erfuhren.

Eines Morgens kam, während der Heilige im Beichtstuhl sass, ein junger Mann, der bittere Tränen weinte. Er hatte in einem Anfall von Zorn seiner Mutter einen heftigen Fusstritt versetzt. Antonius verwies ihn mit strengen Worten wegen des begangenen Unrechts und setzte hinzu: - Der Fuss, der die Mutter gestossen hat, verdiente es, abgehauen zu werden! - Der betroffene Jüngling kehrte, von tiefem Reuegefühl durchdrungen, nach Hause und da er den Verweis des Beichtvaters wörtlich auffasste, nahm er ein Beil und hieb sich den einen Fuss ab. Auf den Schmerzensschrei des Jungen kam die arme Mutter herbei und geriet durch den Anblick in Verzweiflung. Sofort suchte man den Heiligen. Gleich kam er ins Haus seines Beichtkindes, sprach der Mutter Mut zu und hiess alle beten. Er setzte den abgehauenen Beinstumpf an das Bein, das noch von Blut troff, er machte ein Kreuzzeichen darauf und der Jüngling schwang sich, wunderbar geheilt, glückstrahlend empor.

Der müdegewordene Apostel

Am 23. März 1231 feierte der heilige Antonius sein letztes Osterfest. Er hatte noch zweieinhalb Monate Lebenszeit vor sich. Sein Gesundheitszustand verschlimmerte sich von Tag zu Tag. Und noch hatte er - nach der zuverlässigsten Chronik - kaum das vierzigste Lebensjahr vollendet.

Das Malariafieber, das er sich in Marokko zugezogen hatte, war ihm schon seit langem zum Verhängnis geworden und hatte seinem Organismus arg zugesetzt. Dieser war infolge der aufreibenden ständigen

Wanderungen von Land zu Land, die er als treuer Sohn des heiligen Franziskus stets zu Fuss unternommen hatte, äusserst geschwächt. Dazu kamen die Mühen und Entbehrungen, die die Lehrtätigkeit und die Leitung seiner Mitbrüder, mit sich gebracht hatten, überdies sein ständiges Leben der Abtötung und die nicht beachtete Wassersucht. So ist es leicht zu erklären, dass bei solchem Kräfteschwund seine Tage gezählt waren. Das stellten auch seine Mitbrüder mit tiefem Bedauern fest, denn sie liebten ihn; er selbst wusste es und in seinem Innern frohlockte er, denn er sah den Tag des Herrn aufgehen...

Nach Beendigung der Fastenzeit wurde die Ausübung des Apostelamtes merklich leichter. Das machte sich der Heilige zunutze und verfasste seine *Predigten auf die Feste der Heiligen,* die zu vollenden der Tod ihn hinderte; auch vervollständigte er seine *Sonntagspredigten.*

Seine geistigen Arbeiten unterbrach ein dringend notwendiges, mit Gefahren verbundenes Werk der Nächstenliebe. Wir erwähnten schon seine Reise nach Verona, wo er den Tyrannen Ezzelino aufsuchte, in der edlen Absicht, ihn zu überreden, dass er den Grafen von Sambonifacio befreie. Wir berichteten auch, wie sein Einsatz als Friedensstifter nichts fruchtete. Daher irren jene, die sich das Leben des grossen Portugiesen als mit leichtem Erfolg überreichen geglückten Unternehmungen besät vorstellen.

Die Belege für sein Leben, die mit der Aufzeichnung seiner Tätigkeit so sparsam sind, heben klar hervor, dass er sein Leben des Apostolates mit einem

Misserfolg beendete. Wir wissen viel zu wenig über ihn, aber dieses Wenige genügt uns, um daraus zu schliessen, dass Gott den heiligen Antonius so heranreifen liess, wie er es eben mit seinen Freunden zu tun pflegt: durch das Kreuz ...

Jesus hat erklärt: «Wenn das Samenkorn, das ins Erdreich fällt, nicht abstirbt, kann es nicht Frucht bringen». Und der heilige Paulus sagt: «Wer sich dafür entschlossen hat, mit Christus verbunden zu leben, wird Verfolgung leiden müssen». Das heisst: Die Christen, die das Evangelium ernst nehmen, das uns verpflichtet, in uns das Bild Christi zu erneuern, setzen ihr Leben dafür ein.

Und nun eine Bemerkung über die Schriften unseres Heiligen. Unzweifelhaft stammen von ihm die obenerwähnten Werke: die *Sonntagspredigten* und die *Predigten auf die Feste der Heiligen*. Es handelt sich um zwei weitläufige Werke, mit grösster Sorgfalt in den Ruhepausen seines überaus eifrigen apostolischen Wirkens zuammengestellt, in den Jahren zwischen 1227 bis 1231 in der beglückenden Einsamkeit des Klosters St. Marien in Padua, das an der Stelle stand, wo später die grosse Basilika erbaut wurde. Es ist nicht ausgeschlossen, dass dem Heiligen weitere Werke zuzuschreiben sind, als Frucht seiner ständigen und beispielhaften Auslegungen der Heiligen Schrift.

Er war wahrhaftig ein begeisterter Diener des Wortes Gottes. Papst Gregor IX, der grosse Freund und Bewunderer des heiligen Antonius, tat den Ausspruch: «Sollten die Bücher der Heiligen Schrift verloren gehen, so könnte Bruder Antonius sie aufs neue niederschreiben»: so treu war sein Gedächtnis und so umfassend seine Kenntnis der Heiligen Schrift.

Der Heilige erweist sich in seinen Schriften als eine der aufgeschlossensten und leuchtendsten Geistesgrössen der Kultur und der Kirche im Mittelalter. In Anbetracht dessen hat der Heilige Vater Pius XII. im Jahre 1946 den beim Volke so beliebten Wundertäter, den die Wissenschaftler als einen erstrangigen Gelehrten betrachten, zur Würde eines *Kirchenlehrers* erhoben.

Der Heilige der Wundertaten

Hier berufen wir uns auf zwei Legenden, die in ihrem Inhalt einen Kern geschichtlicher Überlieferungstreue bewahren, inspiriert nach der Tradition unseres Heiligen.

Ein reicher Herr aus Ferrara war von einer krankhaften Eifersucht befallen. Seine junge Gattin hoffte in ihrer vertrauensvollen Unschuld, die Frucht ihrer Liebe würde im Gatten mit der Freude an der Vaterschaft auch die zärtlichen Bande ihrer ersten Liebe wiederbringen.

Sie täuschte sich. Der rohe Mann wollte seinem Knäblein nicht den väterlichen Kuss geben, ja es nicht einmal als das seine anerkennen. Man kann sich den Kummer der armen Mutter vorstellen. Sie ängstigte sich nicht so sehr für sich selbst als vielmehr für ihr unschuldiges Geschöpflein.

Sobald sie das Bett verlassen durfte, suchte sie eilends den heiligen Antonius auf, der seit einiger Zeit in der Stadt weilte und flehte ihn um seine Mittlerschaft an.

Der Heilige, der auf einen äusserst traurigen und schwierigen Fall gefasst war, begab sich ernstlich besorgt zum Hause, das ihm bezeichnet worden war. Er suchte mit dem Edelmann ein Gespräch anzuknüpfen, versuchte ihn zu beruhigen, zur Einsicht zu bringen und zu überzeugen. Kein Erfolg. Die Eifersucht hatte sein Herz verzehrt.

Nun versuchte er ein Letztes. Auf Anweisung des Heiligen trat die Frau mit dem Kind an der Brust auf den Mann zu. Ihr sanftes und reines Angesicht war der leuchtendste Beweis ihrer Unschuld. Als der Mann sie sah, erfasste ihn ein Erbeben und er senkte den Blick zu Boden.

Da wandte sich Antonius, indem er die Hilfe des Herrn anrief, an den Säugling:

— Im Namen Jesu, sag, wer dein Vater ist!

Das Knäblein bewegte das Köpfchen, spannte die kleinen Arme zum Manne aus und rief mit heller Stimme: — Vater, Vater!

Vater und Mutter brachen in Tränen aus. In ihren Herzen war wieder das Vertrauen und die Zuneigung von einst erwacht. Sie suchten sofort den Heiligen, um ihm zu danken. Doch dieser war schon verschwunden, denn er wollte nicht seine Bescheidenheit in Gefahr bringen.

Wir können nicht zur Schilderung der letzten Lebenstage übergehen, ohne eines bedeutenden Wunders zu gedenken, welches er - nach späteren Quellen - gewirkt haben soll, als er im Kloster zu Padua weilte.

Eines Abends bat Antonius zu später Stunde den Obern um Erlaubnis, für einige Zeit fernzubleiben, um einer schwer bedrängten Familie zu Hilfe zu eilen.

Der Heilige hatte durch eine innere Eingebung erfahren, dass sein Vater verhaftet und unter der Anklage des Mordes ins Gefängnis geworfen worden war.

In Lissabon war nämlich ein junger Mann aus Familienzwist durch Verrat ermordet worden und die Mörder hatten, um die eigenen Spuren zu verwischen, den Leichnam im Parke begraben, der den Ansitz des Edelmannes Martin, des Vaters des heiligen Antonius, umgab. Der bejahrte Adelige kam so in den Verdacht, das Verbrechen begangen zu haben. Durch das dunkle Treiben dieser Ruchlosen, die zu einer mächtigen Partei zweifelhaften Rufes gehörten, wurde jeder Weg einer Rechtfertigung für den Angeklagten unterbunden. Daher flehte dieser, da alle menschliche Hilfe ausgeschlossen war, zu Gott um Hilfe. Mehr als der Tod drückte den unschuldigen Gefangenen die Schande, die dem ganzen adeligen Stamme unauslöschlich anhaften würde.

Antonius eilte aus dem Kloster durch die engen, finsteren Strassen der Stadt. Am Morgen war er in der Stadt Lissabon angekommen. Das Gericht war versammelt, um das Endurteil zu fällen, das fast sicher ein Todesurteil sein musste. Antonius aber trat vor die Richter hin und suchte sie von der Unhaltbarkeit der gegen seinen Vater gerichteten Anklagen zu überzeugen. Alles war vergeblich.

— Gut - sagte der Heilige. - Ich werde meine Aussage durch ein klares Zeugnis beweisen.

Er führte die Richter in eine Kirche der Stadt, wo der ermordete Jüngling beigesetzt worden war. Unter der Spannung und der unruhigen Neugier aller Anwesenden forderte er, dass der Totenschrein geöffnet werde.

— Im Namen Jesu !- rief er aus - sag mir, ob mein Vater oder ein anderer aus meiner Familie an deinem Mord schuldig ist!

Der Leichnam erhob sich auf diese Worte hin langsam, bewegte seine leblosen Augen im Kreise herum und mit ernster Stimme bezeugte er die Unschuld des Angeklagten. Dann legte er sich wieder hin zum ewigen Schlafe. Don Martino wurde sofort befreit. Am folgenden Morgen klopfte unser Heiliger wieder an die Pforte seines Klosters in Padua.

DIE LETZTEN TAGE

Die Erscheinung des Jesuskindes

Es ist gegen Ende Mai des Jahres 1231. Bald wird die Stunde schlagen, in der es Abschied nehmen heisst von der Welt und den Menschen. Für einen Mann wie Antonius, der doch sonst seinem Körper beständige und harte Anstrengungen zumutete, bedeutete diese von Tag zu Tag zunehmende Schwäche ein zweifelloses Anzeichen davon. Sein Atem war keuchend, seine Glieder von der Wassersucht entstellt, sein Gang schwerfällig. Er spürte, dass er es nicht mehr schaffen werde. Und doch hatte er noch in jenem heissen und staubigen Mai ein grosses Wagnis auf sich genommen, das seine spärlichen Hilfsmittel vollständig aufbrauchte. Ein Wagnis, das - wie wir wissen - in einem völligen und schmerzlichen Misserfolg endete: Antonius begab sich zu Fuss von Padua nach Verona, um den Tyrannen Ezzelino zu veranlassen, einige inhaftierte Politiker freizugeben. Müde und gebeugt kehrte er von diesem Unternehmen zurück, das Herz blutend von traurigen Ahnungen. Nach seiner Ankunft in Padua bat er, sich aufs

Land zurückziehen zu dürfen, um dieser schwülen Hitze des frühen Sommers los zu sein. In der friedlichen Kühle eines Morgens zog der grosse Wanderer Christi hinaus, auf schattigen Wegen, umrandet von goldenen Wogen der Ernte und vom vergnügten Gesang der Mäher, zum Schloss von Camposampiero, das ungefähr achtzehn Kilometer von Padua entfernt liegt. Der dortige Graf Tiso VI. eilte ihm freudig entgegen und gab ihm mit seinen drei jungen Söhnen, kräftigen und leidenschaftlichen Rittern, für eine kurze Strecke bis zum Schloss Weggeleit. Der Graf hatte sich, bewogen durch eine Predigt von Antonius, von seiner misslungenen politischen Karriere auf sein Schloss zurückgezogen und hegte nun eine herzliche Freundschaft mit Antonius.

Der Adelige, der nun in hohem Alter stand und ein Leben voller Enttäuschungen hinter sich hatte und sich nach dem Frieden der Seele sehnte, lud die Franziskaner an einen einsamen Ort in seinem weiten Schlosspark ein. Und er freute sich, am klösterlichen Leben jener Ordensleute teilzunehmen von denen er wusste, dass viele von ihnen den grauen Habit des hl. Franziskus angezogen hatten, um ihre eigenen und die Sünden der Welt abzubüssen.

Da in der Einsamkeit, inmitten des grünen Parkes, fand Antonius seine stille Zelle, wo er sich ganz dem Gebete widmen konnte. Er verbrachte gerne einige Tage an diesem Ort, körperlich zwar von Schmerzen gequält, aber innerlich selig in der Betrachtung Gottes. - Später liess ihm der Graf Tiso eine originelle Nesthütte zwischen Ästen und Zweigen eines Nussbaumes errichten, und Antonius stieg nur des Abends auf diesen Baum, um die Nacht in seinem «Nest» zu verbringen. Schlaflose Nächte eines Wassersüchtigen! Der Atem machte ihm harte Beschwerden, sein Kopf schmerzte ihm, als ob er in eine Stahlklemme eingeengt wäre. Oft überfiel ihn der Schwindel und sein ganzer Leib wurde von heftigen Krampfanfällen geschüttelt. Der Magen vertrug keine Speisen mehr, und sein Verstand umnachtete immer mehr. Antonius brachte es nicht mehr zur geistigen Sammlung und so konnte er seine Gedanken nur noch über sein vergangenes Leben schweifen lassen... Antonius hat so auch die Überempfindlichkeit aller Kranken erlebt, dass oft gerade die Einsamkeit bedrückt und den Mut verlieren lässt. Immer schwächer und entkräfteter liess er sich in die Arme Gottes fallen.

Wahrscheinlich hat der Heilige gerade in einer jener qualvollen Nächte eine besondere Gnade erhalten, gleichsam als Wegzehrung für die letzte Strecke seiner Pilgerreise: Er war in der Lesung der Hl. Schrift vertieft, um etwas Erleichterung in seinem Leiden zu finden, als ein plötzliches Licht in Form einer Blume die Zelle erhellte, und aus dieser leuchtenden Knospe brach Christus hervor in Gestalt eines Kindes. Der göttliche Gast liess sich lächelnd von seinem Jünger umarmen und liebkoste mit seinen Händchen die bleiche und fiebernde Stirne.

Zufällig ging der Graf Tiso in diesem Augenblick an der Zelle des Antonius vorbei. Vielleicht wollte er dem Heiligen ein wenig Gesellschaft leisten, um ihm so die schlaflosen Stunden zu verkürzen. Als der

Adelige etwas nähergekommen war, bemerkte er durch einen Spalt der rohen Zellentür ein lohendes Feuer. In der Furcht, es sei eine Brunst ausgebrochen, stürzte er sich auf den Eingang und warf beängstigt einen Blick ins Innere. Man kann sich schwer vorstellen, welche Gefühle der Ergriffenheit ihn bei diesem Anblick überkommen hatten!

Als die himmlische Vision verschwunden und Antonius wieder zu sich gekommen war, sah er unter der halbgeöffneten Türe kniend und am ganzen Leibe zitternd den Grafen. Antonius tadelte ihn wegen seiner Neugier zwar nicht - sie war ja gut gemeint -, jedoch gebot er ihm, von dieser Erscheinung niemandem etwas zu erzählen. Doch nach dem Tode des Heiligen glaubte sich der Graf von diesem Versprechen gelöst und teilte voll Interesse den Brüdern das Ereignis mit.

Jahrhunderte sind seither vergangen. Das Schloss des Grafen Tiso ist heute vollständig verschwunden. Das alte Johannes-Kirchlein wurde mehrmals aufgebaut und restauriert; ebenso erging es dem Franziskanerklösterchen, das sich an seiner Seite erhebt.

Aber glücklicherweise haben die vielen Umbauten die kleine und arme Zelle des hl. Antonius in nichts beschädigt. Der Ruf der Heiligkeit, den dieser Ordensmann aus Portugal schon zu Lebzeiten genoss, seine Heiligsprechung, die schon kaum ein Jahr nach seinem Tode erfolgte, die Andacht und Verehrung der Bewohner von Camposampiero vermochten, das Andenken an Antonius von den Zerstörungen der Zeit zu verschonen. Es handelt sich um einen bescheidenen Raum, der 4,20 m über 2,65 m misst, aus roten, unverputzten Ziegelsteinen erbaut. Eine schmale Tür, die heute vermauert ist, führte auf den Gang des alten Klosters. Eine Luke und ein Fensterchen, heute noch offen, ermöglichten den Ausblick auf den Schlosspark hin. An der Wand ist ein Bild befestigt (ein ursprünglicher Tisch, der dem Heiligen als Bett diente und dann in ein Wandbild umgeändert wurde), worauf Antonius sehr eindrucksvoll dargestellt ist: sein Gesicht ist aufgeschwollen und blass, seine Hände umklammern eine Lilie, das Sinnbild der Reinheit, und ein Buch, das Sinnbild der Weisheit; auf einem Baumzweig pfeifen die Vögel...

Einer alten Überlieferung gemäss, hätte diese Tafel unserem Heiligen als Liegestätte gedient. Die Verehrung für dieses ehrwürdige Stück veranlasste die Verehrer, immer wieder Teile davon wegzuschneiden, um sich eine solche Reliquie zu verschaffen.

Die Zelle auf dem Nussbaum

Das Laubwerk der alten Bäume, das Gezwitscher der Vögel, das zarte Murmeln des Bächleins luden Antonius unwiderstehlich ein, seine Zelle zu verlassen und sich in der überschwänglichen Schönheit des Parkes zu ergehen. Er fühlte Gott nahe: in jedem Geräusch hörte er ihn, in jeder Farbe bewunderte er ihn, in jedem Lichtstrahl sah er ihn. Er betete, betrachtete und sang. Einem Diener Christi fällt der Abschied von

Welt und Leben nicht schwer, denn er weiss, dass sterben nicht heisst, sich in ein kaltes Dunkel zu stürzen oder sich in ein zerstörendes Nichts zu werfen, sondern dass es vielmehr ein Untertauchen ist in das Licht, in die Liebe und in die unvergängliche Schönheit!

Auf seinem täglichen Spaziergang durch den Waldpark kam Antonius immer an einem über hundert Jahre alten Nussbaum vorbei, dessen Krone sechs grosse Äste bildeten. Da kam ihm eines Tages ein Gedanke, und sogleich teilte er seinen Mitbrüdern das Vorhaben mit, welche es wiederum ihrem Freund Tiso weitererzählten: «Oh, wie wäre es herrlich, wenn ich meine Zelle dort oben haben könnte, zwischen diesen Ästen, aufgehängt wie ein Spatzennest...». So konnte ihm dann «Bruder Nussbaum» gütig Herberge bieten für die letzte Lebenswoche des Heiligen.

Der Graf Tiso wollte persönlich die Nesthütte auf dem hohen Nussbaum herstellen und sie durch Verflechtung der Zweige und durch einige weiche Matten bequem einrichten. Dem Wunsch des Gottesmannes gemäss wurden am Fusse des Baumes zwei weitere Zellen errichtet für zwei Mitbrüder. Dieses Geschehen ist geschichtlich sicher bewiesen.

Heute steht der alte Nussbaum nicht mehr. Doch lebt er noch weiter in unzähligen Schösslingen, die überall gepflanzt wurden und sich durch eine sonderbare Eigenheit vor allen übrigen Nussbäumen unterscheiden: Jedes Jahr treiben sie ihre Blätter während der Vorbereitungsnovene auf das Antoniusfest. An die Stelle des grossen Nussbaumes aber liess ein Nachfolger Tisos, Gregorius, im Jahre 1432 ein kleines Heiligtum erbauen, das bis heute den Namen trägt: St. Antonius vom Nussbaum.

Bruder Tod

Es war Freitags, den 13. Juni 1231. Am Mittag läutete die Glocke der Einsiedelei zum gemeinsamen Mahl. Antonius stieg sehr mühsam und beschwerlich von seiner Zelle auf dem Nussbaum herab und ging langsam des Weges, gestützt von Bruder Rogerius und Bruder Lukas. Kaum hatte er sich zu Tische gesetzt, schwanden ihm seine Kräfte. «Das Leiden nahm ständig zu; er krümmte sich vor Schmerzen, und man suchte es ihm bequem zu machen auf einer Pritsche aus Reisigbündeln». Antonius spürte sein Ende bevor. Um der kleinen Gemeinschaft nicht zur Last zu fallen, bat er, man möchte ihn nach Padua führen in sein Klösterchen St. Maria.

Die Brüder widersetzten sich anfänglich diesem Wunsch, weil sie ihn in ihrer Mitte behalten wollten; aber schliesslich gaben sie doch nach. Ein Bauer vom Dorf wurde mit seinem von zwei Ochsen gezogenen Karren herbeigerufen. Antonius wurde darauf gebettet und bedrückten Herzens folgten Br. Rogerius und Br. Lukas still dem Gefährt.

Die Luft war bei der glühenden Sonne furchtbar drückend und schwül. Der Karren bewegte sich auf der staubigen und steinigen Strasse holpernd vorwärts. Die Fahrt war langsam, schier endlos, wie ein

Todeskampf. Gegen Abend kamen sie am Stadtrand von Padua, in Arcella, an. Den begleitenden Brüdern gelang es, Antonius, der sich offensichtlich immer unwohler fühlte, zu überreden, einen kleinen Halt zu machen im Franziskaner-Hospiz, das dem Klarissenkloster angebaut war.

Der Heilige täuschte sich über seinen Zustand nicht hinweg: die letzte grosse Stunde stand bevor. Er gab also gerne zu, in diesem Hospiz lieber etwas zu verweilen, als in den Strassen der Stadt die Aufmerksamkeit der ganzen Bevölkerung auf sich zu lenken und ein lästiges Gedränge der Verehrer zu verursachen.

Er bat, seine letzte heilige Beichte abzulegen. Nach der Lossprechung begann er mit schwacher, heiserer Stimme einen Hymnus zur Gottesmutter, deren grosser und treuer Verehrer er stets war:

«O gloriosa Domina... - O du erhab'ne Himmelsfrau, - gar höher als die Sterne all...».

So galt das letzte Lied seines Lebens als franziskanischer «Minnesänger» der Immaculata, der Unbefleckten Jungfrau.

Eine grosse Atmungsbeschwerde trat ein, während die Brüder betrübt um sein Lager standen. Er liess sich von seiner Strohpritsche etwas aufrichten und blieb für einige Augenblicke in dieser Haltung, mit einem zufriedenen Gesicht und leuchtenden Augen. Die Umstehenden fragten ihn: «Was siehst du?» - Er antwortete: «Ich sehe meinen Herrn!».

Man weckte ihn aus seiner Verzückung, um ihm die Letzte Ölung zu spenden. Der Heilige bemerkte freundlich zum Priester, er habe sie zwar nicht nötig, da er schon die göttliche Ölung empfangen habe... Er fügte jedoch bei, dass er die Sterbesakramente gerne empfange, um daraus wirksame Hilfe zu erfahren.

Als die sakramentale Handlung beendet war, betete Antonius mit den Mitbrüdern die sieben Busspsalmen. Und kurz darauf entschlief er sanft im Frieden des Herrn. Es war abends gegen 8 Uhr des 13. Juni 1231.

Draussen war es indessen dunkel geworden und, wie von einer unerklärlichen Kraft getrieben, eilten Kinder durch die Stadt und riefen laut: «Der Heilige ist gestorben! Der Heilige ist gestorben!».

So starb ein Mensch, der sein ganzes Leben nur dazu benützte, in treuer Nachfolge Christi Gutes zu tun. Im Evangelium steht geschrieben: «Wer mich vor den Menschen verherrlicht, den werde auch ich vor meinem himmlischen Vater verherrlichen!». So verliess Antonius dieses Erdental der Tränen, um hinaufzusteigen in die Herrlichkeit und Freude seines Herrn!

Es war noch nicht ein Jahr seit dem Tode des heiligen Antonius verflossen, da wurde er von Papst Gregor IX., der ihn persönlich gehört und bewundert hatte, am 30. Mai 1232 in der Kathedrale von Spoleto unter dem Jubel des Volkes als Heiliger erklärt.

Im selben Jahr begannen auch schon die Arbeiten an dem Bau einer prächtigen Basilika um das Grabmal des wundertätigen Heiligen. Die Jahrhunderte haben dann in edlem Wettstreit an der reichen und kunstvollen Ausschmückung einander zu überbieten gesucht. Diese Basilika ist eines der grossen Zentren geistigen Lebens der Christenheit, ein Heiligtum, das von unzähligen Pilgerscharen besucht wird.

Jesus hat den heiligen Antonius in der Herrlichkeit des Himmels gekrönt, er hat ihn aber auch hienieden mit einem Regen von Gnaden und Wundern verherrlicht. Von Jahrhundert zu Jahrhundert hat die Verehrung vonseiten der Gläubigen nicht nur nicht abgenommen, sondern sie ist ständig gewachsen und hat überwältigende Ausmasse angenommen. Leo XIII. wies auf diesen einzig dastehenden Umstand hin und bezeichnete den heiligen Antonius als «den Heiligen der ganzen Welt». Es gibt vielleicht keinen Heiligen, der eine so innige und weitverbreitete Verehrung geniesst.

SCHLUSS

Hier endet die Lebensbeschreibung des hl. Antonius von Padua... Doch nein; das bisher Erzählte ist «kaum der Beginn» des Lebens des hl. Antonius. Er lebt und wirkt noch immer unter uns. Unzählbar sind jene, die ihn kennen und verehren, die täglich in einem Gebet mit ihm sprechen. Man kann irgend eine Kirche besuchen, überall findet man die Statue des hl. Antonius mit einer brennenden Kerze. An den verlassensten Landwegen findet man Bildstöcklein und Kapellchen des Heiligen mit dem Jesuskind. Und in Italien ist sogar Brauch, dass man aus Verehrung zum Heiligen einem Kinde, das vielleicht durch den hl. Antonius eine besondere Gnade erhielt, für eine bestimmte Zeit ein kleines Ordenskleid mit dem weissen Strick der Franziskaner anzieht.

Die Antoniusverehrung der Gläubigen nimmt aber noch andere Formen an: z.B. das Antoniusbrot für die Armen, Unterstützung von Ordens- und Missionsberufen, Stiftungen von Instituten für Waisenkinder usw. Das alles sind Werke von sozialer und menschlicher Bedeutung, die sich hauptsächlich bei der Basilika des Heiligen in Padua selbst durch die Initiative seiner Mitbrüder entwickelt und organisiert haben.

Dem hl. Antonius geschah aber noch ein anderes denkwürdiges, ganz sonderbares Ereignis: Da Antonius in Lissabon geboren wurde, ist es selbstverständlich, dass ihn die Portugiesen zum Patron ihrer Nation erwählten. König Peter II. von Portugal tat jedoch noch ein Weiteres: St. Antonius wurde sogar der Armee «eingereiht» mit dem Auftrag, durch seine Fürbitte und Wunder die militärischen Unternehmungen zu begünstigen. Die erwünschten Wunder blieben nicht aus - und Antonius wurde daraufhin zum «Hauptmann» befördert. Im Jahre 1693 überreichte König Johann IV. dem hl. Antonius zum Dank für seine besondere Hilfe sogar die Galons eines «Obersten der Infanterie». Brasilien, eine alte portugiesische Kolonie, ernannte St. Antonius nach der Trennung mit dem Mutterland zum «General» mit allen Gradesehrungen, um ihm für seine Hilfe im Krieg besonders zu danken.

Das Volk, das seiner Liebe und Begeisterung zum hl. Antonius kaum noch Ausdruck zu geben wusste, hat mit viel Phantasie das Erdenleben des Heiligen ausgemalt. Die verschiedenen geschichtlichen Dokumente sind mangelhaft und erzählen uns nicht viel; deshalb hat das Volk dieses so aussergewöhnliche Leben des Heiligen mit einem Kranz von wunderbaren Geschehnissen ausgeschmückt, um so ein anschauliches Bild von ihm zu haben. Es entstand so die «Legende des hl. Antonius» mit ihren Hunderten von Geschichten: ein reichhaltiges und interessantes Gebilde, das mit seinem Stoff wohl den Genius manches Dichters anregen könnte.

Die Künstler, Maler und Bildhauer, waren eigentlich die grosszügigsten Dichter Antonius gegenüber. Schon aus dem 13. Jh. sind uns eine grosse Menge an Kunstwerken erhalten; so z.B. von Giotto, Simone Martini, Correggio, Tizian, Veronese, Tiepolo, Piazetta u.a.m. Alle diese haben herrliche Meisterwerke geschaffen zur Verehrung des hl. Antonius, des grossen Wundertäters.

Der volkstümlichste Antonius-Maler ist vielleicht der Spanier Murillo, der in mehreren Werken Antonius mit der Erscheinung des Jesuskindes darstellt. Leider hat man im vergangenen Jahrhundert das Bild des Heiligen oft furchtbar entstellt und es bis heute immer mehr verdorben, die einen weichlichen Jüngling im Ordenskleid der Franziskaner darstellen, der mit träumerischem Gesicht und hellblauen Augen auf das süsse Jesuskind herabblickt; und das soll Antonius sein...!

Der wahre Antonius war ein leidenschaftlicher Kämpfer, der seinen Christenglauben mutig eroberte und ihn lebte in allen seinen Folgerungen. Er war ein Mann der Tat; er verzichtete auf eine bequeme und glänzende Existenz, verliess die traute Umgebung der Familie. In seinem Herzen brannte der Wunsch nach dem Martyrium; doch Gott wollte ihn als Missionar in der Heimat haben, wo er sich so sehr im Apostolat und in der Predigttätigkeit aufrieb, dass mit kaum vierzig Jahren seine körperlichen Energien aufgezehrt waren. - Wie wir alle, ist auch er als Kind Adams geboren; er wusste sich aber in starker Mannhaftigkeit zu beherrschen und zu siegen über jene Neigungen, die ihn von Gott weggeführt hätten. Und er hat sich selbst besiegt durch Gebet und Leiden!

Wir empfehlen uns oft der Fürbitte des hl. Antonius und wissen, dass die Heiligen klar erkennen und sehen, welches für uns der Wille Gottes ist. In diesem Bewusstsein und in diesem Vertrauen wollen wir uns weiterhin der Fürsprache des hl. Antonius anvertrauen und um die Liebe und Gnade Gottes beten, damit wir imstande sind, jederzeit als würdige Kinder Gottes zu leben!

GEDANKEN DES HEILIGEN

Die göttlichen Tugenden

Der Glaube ist das Gewand der Seele. Wenn der Liebe Licht ihn erleuchtet, ist er ein golddurchwirktes Gewand.

Singet dem Herrn ein neues Lied (Ps 95, 1). *Alle weltliche und einträgliche Wissenschaft ist ein altes Lied, ist Babels Gesang. Das neue Lied ist allein die Theologie, denn sie ist Wohlklang für Gottes Ohr und erneuert die Seele. Die Heilige Schrift lässt sich mit dem Bogen vergleichen. Der hölzerne Bogen gleicht dabei dem Alten Testament, die Sehne, die des Bogens Starre lindert, dem Neuen und der Pfeil der Einsicht in die Heilige Schrift, die des Menschen Herz verwundet. Einen solchen Bogen muss jeder gute Hirt in seiner Hand führen, d.h. in seinen Taten zeigen. Darum sagt Job* (29, 20): «In meiner Hand wird jünger mir der Bogen.» *Dieser Bogen wird in seiner Hand jünger, wenn das eigne Tun das Wort der Predigt bekräftigt.*

Der Herr sprach zu Mose (Ex 24, 12): «Ich will dir zwei Tafeln geben.» *Die zwei Tafeln sind ein Bild der Wissenschaft der beiden Testamente. Sie allein versteht das wahre Wissen und macht den Menschen wissend, denn sie allein gibt uns jenes Wissen, das uns lehrt, Gott zu lieben, die Welt zu verachten und den Leib in Zucht zu halten. Sie soll der Prediger die Kinder Israels lehren, denn in ihr* ist das ganze Gesetz und die Propheten *enthalten* (Mt 22, 40).

Die Heilige Schrift gleicht einem Spiegel, in dem wir unser natürliches Aussehen (Jak 1, 23) *betrachten sollen. Dort sollen wir erkennen, woher, wie und wozu wir auf die Welt gekommen sind. Fragen wir uns, woher wir auf die Welt gekommen sind, dann erkennen wir unsern armseligen Ursprung; wie, dann erkennen wir unsere gebrechliche Natur; wozu, dann erkennen wir unser erhabnes Ziel im Himmel. Sind wir aber hier* Vollbringer des Wortes, *dann werden wir dort wegen der Nähe des wahren Lichtes* leuchten wie die Sonne (Mt 13, 43).

Und auf ihrem Haupte eine Krone von zwölf Sternen (Offb 12, 1). *Den zwölf* Sternen *gleichen die Apostel, die uns im Dunkel dieser Welt leuchten; zu ihnen hat ja der Herr gesagt* (Mt 5, 14): «Ihr seid das Licht der Welt.» *Einem Kranz von zwölf Sternen gleicht der Glaube deshalb, weil mit ihnen die Offenbarung des Neuen Bundes abgeschlossen ist und ihr Glaube darum gleich einem Kreise kein Mehr oder Weniger verträgt.*

Die, welche gläubig geworden, werden folgende Wunderzeichen begleiten: In meinem Namen werden sie Teufel austreiben, in neuen Sprachen reden, Schlangen aufheben und, wenn sie etwas Todbringendes trinken, wird es ihnen nicht schaden: Kranken werden sie die Hände auflegen, und sie werden gesund werden (Mk 16, 17). *Zu der Apostel Zeiten geschahen Zeichen zur Bekehrung der Ungläubigen, in unsern Tagen aber haben die Zeichen aufgehört, weil der Glaube stark geworden; denn auch wir begiessen, wenn wir einen Baum pflanzen, ihn solange mit Wasser, bis er selbst aus der Erde seine Nahrung ziehen kann.*

In Sachen des Glaubens bedarf es der Gabe der Unterscheidung, damit wir uns nicht nähern und den brennenden Dornbusch schauen (Ex 3, 3), *nicht seine Schuhriemen auflösen* (Joh 1, 28), *d.h. nicht das Geheimnis der göttlichen Menschwerdung lösen wollen. Habe nur den rechten Glauben, und das genügt.* «Wer schwere Dinge erforscht», *sagt Salomon* (Spr 25, 27), «wird von ihrer Grösse erdrückt.» *Lasst uns darum fest an Gott glauben und ihn in Einfalt preisen.*

In der Schule dieses Lebens kommt uns die Versuchung an, nach vielen Dingen zu fragen, und wer wäre wohl so weise, dass er auf alles eine Antwort wüsste? So viele Versuchungen als Fragen. Darum gibt es keine klügere Lösung, als nicht auf diese Fragen zu achten.

Alle Tage deines Lebens habe Gott im Herzen (Tob 4, 6). *Besitz, welcher alles besitzt! Selig, wer dich sein eigen nennt! Was könnte ich geben, Gott, um dich zu besitzen? Wenn ich alles hingäbe, kann ich dich dann wohl besitzen? Um welchen Preis darf ich dich mein eigen nennen? Höher als der Himmel, tiefer als die Hölle, weiter als die Erde und breiter als das Meer bist du. Wie könnte da ein Menschenkind dich sein eigen nennen? Doch steht im Buche Job (28, 15ff) geschrieben:* «Kein kostbares Gold kann man geben für ihn, noch Silber ihm wiegen als Kaufpreis. Man wiegt ihn nicht auf mit Ophirgold, mit kostbarem Onyx und Saphir. Man tauscht ihn nicht ein mit Geschmeide». *Mein Herr und Gott, all dies habe ich nicht. Was kann ich wohl geben, um dich zu besitzen?* «Gib mir dein Herz», *antwortet Gott,* «und du hast mich im Herzen. Was dein ist, halte für dich, nur gib mir dein Herz. Genug habe ich von deinen Worten, ich will deine Werke nicht, nur gib mir dein Herz».

Beachte die Worte: Alle Tage. *Willst du* Gott alle Tage im *Herzen haben? Habe dich allezeit vor deinen Augen. Wo dein Auge ist, da ist dein Herz. Halte deine Augen also allezeit auf dich gerichtet. Drei Stücke nenne ich: dein Herz, dein Auge, dich. Gott ist in deinem Herzen, dein Herz in deinem Auge, dein Auge in dir. Siehst du also dich, dann hast du Gott in dir. Willst du also* Gott alle Tage in deinem Herzen haben? *Sei so, wie er dich erschaffen hat. Suche nicht in dir ein anderes Ich. Mach dich nicht anders, als Gott dich geschaffen hat, und du wirst* alle Tage Gott in deinem Herzen haben.

Glaube *ohne Liebe ist wertlos* (Jak 2, 17), *Glaube mit Liebe geeint aber zeigt den wahren Christen. Beachte folgendes: Gott glauben, gottgläubig sein und an Gott glauben sind ganz verschiedene Dinge. Gott glauben heisst für wahr halten, was Gott sagt; das können selbst schlechte Menschen tun. Gottgläubig sein heisst glauben, dass es einen Gott gibt, und das tut auch der Teufel. An Gott glauben aber heisst, ihn in gläubiger Liebe umfangen, glaubend immer zu ihm streben, glaubend ihm anhangen und zu seinen Gliedern gehören. Durch diesen Glauben erlangt der Sünder die Rechtfertigung. Wo ein solcher Glaube lebt, da vertraut der Mensch auf Gottes Barmherzigkeit und erlangt Gottes Verzeihung für seine Schuld.*

Herr, hilf uns, wir gehen zugrunde (Mt 8, 25). *Ohne Zweifel wird zugrunde gehen, wer keinen wachen Glauben hat.*

Der katholische Mensch schaut mit den Augen seines Herzens, das vom Glauben erleuchtet ist - soviel du glaubst, soviel wirst du auch sehen - die Geheimnisse Gottes und bekennt sie mit dem Munde nach dem Wort des Apostels (Röm 10, 10): «Mit dem Herzen glaubt man zur Gerechtigkeit, mit dem Munde aber geschieht das Bekenntnis zum Heile».

Wort, das des Menschen Herz nicht kränkt, sondern trunken macht! Wort voll Wonne, das dem Sünder Mut und frohe Hoffnung schenkt! Wort, das kühles Wasser für die durstige Seele, *das gute Nachricht ist* aus fernem Land (Spr 25, 25)! *Es ist jenes* sanfte Säuseln (3 Kön 19, 12), *in dem* des allmächtigen Gottes Odem *zur Menschenseele spricht. Von ihm sagt Job* (32, 8): «Ich sehe, nur der Geist, der im Menschen ist, nur des Allmächtigen Odem macht ihn verständig». Ergeht dieses Wort an den Menschen (Lk 3, 1), *wie gut ist er dann, und wie sehr verdient er dann den Namen eines Johannes! Ich bitte dich, Herr, lass dein Wort an deinen Knecht ergehen nach* deinem Wort in Frieden (Ps 118, 135; Lk 2, 29). Dein Wort ist eine Leuchte meinen Füssen (Ps 118, 165).

Gott, du bist mein Anteil
im Land der Lebendigen

Hoffnung ist die Erwartung der zukünftigen Güter und der Ausdruck demütiger Liebe und eifrigen Dienens. Der Verzweiflung hingegen mangelt diese Kraft zu streben, denn wer die Sünde liebt, harrt nicht der zukünftigen Herrlichkeit. Damit jedoch die Hoffnung nicht in Vermessenheit ausarte, muss sich zur Hoffnung die Furcht *gesellen, denn sie ist der* Weisheit Anfang (Ps 110, 7). *Niemand kann die Wonne der Weisheit geniessen, wenn er nicht zuvor die Bitterkeit der Furcht verkostet hat.*

Knechtische Furcht besitzt, wer nicht aus Liebe zur Tugend, sondern aus Furcht vor Strafe die Sünde meidet. Die Liebe treibt diese Furcht aus (1 Jo 4, 18), *wenn der Mensch auch da kein Wohlgefallen an der Sünde findet, wo er straflos bliebe. Uneigennützige Furcht aber besitzt, wer fürchtet, er könne den Stand der Gnade verlieren; darum hat er an der Sünde keine Freude, weil er fürchtet, ihn zu verlieren, auch wenn er keine Höllenstrafen zu fürchten brauchte. Diese Furcht treibt die Liebe* nicht *aus, denn sie bleibt bis zur Ewigkeit. Solange wir fern von Gott wandeln, muss diese Furcht gross sein; sie darf geringer sein, wenn wir Gott nahe sind; sie hört ganz auf, wenn wir zu Gott gelangt sind.*

Wie die Ufer einen Strom eindämmen, damit er nicht über die Ufer trete, so sollen auch Furcht vor Gott und Scham vor der Welt gleich zwei Ufern einen Damm setzen gegen die Sündenflut.

Solange eine Seele noch hofft, hilft ihr Gottes Gnade. Wenn sie über ihre Sünden Reueschmerz empfindet, darf sie noch auf Verzeihung hoffen.

Um den Gnadentau der Ewigkeit nicht zu entbehren, nehmen die Heiligen ihre Wohnung an der Quelle des Lebens und harren der Palme des ewigen Lohnes.

Das Grösste aber ist die Liebe

Die Liebe zu Gott ist die Frucht der Weisheit. Kostet eine Seele ihre Wonne, so weiss sie, wie gut der Herr ist (Ps 33, 9). *Gibt es für sie einen kostbareren Schatz als diese Liebe? Kann sie sich etwas besseres wünschen? Weder Reichtum noch Ehre sind ihr zu vergleichen.*

Wie Gott der Ursprung aller Dinge ist, so muss auch der Mensch die Liebe, den Quell aller Tugenden, vor allen Tugenden besitzen. Ist diese Liebe wechselseitig und beharrlich, dann deckt sie die Menge der Sünden zu (1 Petr 4, 8). *Die Liebe muss aber wechselseitig, d.h. auf den Nächsten gerichtet und ein gemeinsames Band sein. Ferner muss sie beharrlich sein, damit sie weder im Glück noch im Unglück versage, sondern ausharre bis ans Ende.*

Das Ziel des Gesetzes ist die Liebe

Wie ein Leuchter besitzt die Liebe sechs Arme, drei zur Rechten und drei zur Linken, und mit diesen Armen umfängt sie Gott und den Nächsten. Die drei Arme, die Gott umfangen, heissen: Abscheu vor der Sünde, Verachtung des Irdischen und Betrachtung des Himmlischen. Von dem ersten Arme sagt der Psalmist (118, 163): «Ich hasse und verabscheue das Böse»; *vom zweiten sagt der Apostel* (Phil 3, 8): «Ich habe alles für Unrat gehalten, um Christus zu gewinnen»; *vom dritten endlich sagt er* (2 Kor 4, 18): «Wir richten nicht auf das Sichtbare, sondern auf das Unsichtbare unsern Blick».

Die drei Arme aber, mit denen wir den Nächsten umfangen, heissen: Verzeihung für die Fehlenden, Zurechtweisung für die Irrenden und Speise für die Hungernden. Von dem ersten Arm steht geschrieben (Lk 23, 34): «Verzeihe ihnen, denn sie wissen nicht was sie tun»; *von dem zweiten* (Jak 5, 20): «Wer einen Sünder von seinen Irrwegen zurückführt, der wird seine Seele vom Tode erretten und eine Menge von Sünden bedecken»; *von dem dritten* (Röm 12, 20): «Hungert dein Feind, dann gib ihm zu essen, dürstet ihn, dann gib ihm zu trinken».

Die strahlende Sonne ist ein Bild für die Gottesliebe und der veränderliche Mond für die Nächstenliebe. Oder siehst du darin keine Veränderlichkeit, sich mit dem Frohen zu freuen und mit dem Traurigen zu weinen (Röm 12, 15). *Diese doppelte Liebe führt, wenn sie vollkommen ist, den Menschen zu jener Seligkeit, wie sie die Engel geniessen.*

Der Seelenhirte soll gleich dem Verwalter *im Evangelium (Lk 16, 5) die einzelnen Gläubigen, die Gottes Schuldner sind, fragen:* «Wieviel schuldest du meinem Herrn? *Wie gross muss deine Liebe zum Herrn sein?» Und dieser soll antworten: «Ich schulde ihm die grösstmögliche Liebe, denn ich soll ihn* lieben *aus ganzem Herzen, aus ganzer Seele und aus allen Kräften» (Lk 10, 27). Wiederum soll der Priester oder Seelenhirte gleich dem Verwalter zu dem Sünder sprechen: «Was schuldest du? Wie gross muss in Gott deine Liebe zum Nächsten sein?» Und er soll zur Antwort geben: «In Gott und um Gottes willen muss ich Freund und Feind lieben und, wenn nötig,* für ihn mein Leben dahingeben» (Jo 15, 13).

Es ist die gleiche Liebe, die Gott und den Nächsten umfängt, und diese Liebe ist der Heilige Geist, denn Gott ist die Liebe (1 Jo 4, 16).

Du sollst den Herrn, deinen Gott lieben

Du sollst den Herrn, deinen Gott, lieben aus deinem ganzen Herzen (Lk 10, 27). *Christus sagt:* «deinen Gott», *und deshalb sollst du ihn um so mehr lieben; denn was unser ist, lieben wir mehr, als was andern gehört. Er verdient deine Liebe. Obgleich er* dein Herr und dein Gott ist, *hat er dir gedient, damit du sein eigen werdest und dich seines Dienstes nicht schämest. Dreiunddreissig Jahre hat dir dein Gott um deiner Sünden willen gedient, um dich aus der Knechtschaft des Satans zu befreien.* Du sollst den Herrn, deinen Gott, lieben, *denn er hat dich erschaffen, machte sich um deinetwillen zum Menschen, hat sich dir ganz geschenkt, damit auch du dich ganz ihm schenkest.* Liebe also den Herrn, deinen Gott. *Er gab dich dir selbst durch sein Schöpfungswerk, da du noch nicht warst. Er gab dich dir, er gab dich, der du verloren warst, dir durch die Erlösung zurück, damit du gerettet werdest. Weil er aber dich dir schenkte und dich dir zurückgab, darum bist du ganz sein Schuldner.* Liebe also den Herrn, deinen Gott, aus deinem ganzen Herzen, aus deiner ganzen Seele, und aus allen deinen Kräften. *Er, der sagt: «Aus ganzem Herzen», will dir keinen Teil davon zurücklassen, sondern befiehlt, dass du ihm dein ganzes Herz schenkest. Er gab sich ganz dahin, um dich ganz zu erwerben.* Liebe *also* den Herrn, deinen Gott, aus deinem ganzen Herzen. *Darum halte nicht wie Ananias und Saphira einen Teil deines Herzens zurück, auf dass du nicht wie sie ganz zugrunde gehest.* Liebe *ihn* aus ganzem, *nicht aus halbem* Herzen, *denn Gott kennt keine Teile, sondern ist ganz an allen Orten, und darum will er auch in dir nicht einen Teil des Herzens, denn er ist ganz in seinem Eigentum. Behältst du dir aber einen Teil deines Herzens zurück, dann gehörst du dir, nicht ihm. Willst du ihn ganz besitzen? Schenk ihm alles, was du bist, und er schenkt dir alles, was er ist, denn, hast du nichts mehr von dir, dann hast du ihn und dich ganz.* Liebe *also* den Herrn, deinen Gott, aus deinem ganzen Herzen, aus deiner ganzen Seele und aus allen deinen Kräften.

Liebe den Herrn, deinen Gott (Lk 10, 27). *Beachte diese zwei Worte:* Herrn *und* Gott. Herr *ist er, weil er über die ganze Schöpfung herrscht,* Gott, *weil er alles sieht und alles durchforscht.*

Gott hat uns zuerst geliebt.

Christus hat uns geliebt und uns von unsern Sünden reingewaschen in seinem Blute (Offb 1, 5). *Bringen wir daher zu seinem Ruhme und zu seiner Ehre dar, was wir sind und was wir können, da er der Sünden Blutschuld* mit seinem Blut *vom Antlitz unserer Seele abgewaschen hat.*

Niemand kann uns näherstehen als er, der unsere Wunden geheilt hat, denn Haupt und Glieder sind eins. Darum wollen wir ihn lieben *als unsern* Herrn und Gott (Lk 10, 27).

Die Liebe ist nicht in dem, der die Welt liebhat.

Alles, was da ist, ist nichts, ausser Gott lieben.
Nichts ausser Gott vermag dem Menschengeiste zu genügen, der in Wahrheit nur Gott sucht.
Liebe den Herrn, deinen Gott, aus deinem ganzen Gemüte (Lk 10, 27). *Alles, was du denkst, weisst und erkennst, beurteile nach der Liebe zu Gott.*

Darin liegt die höchste Weisheit: Jesus lieben und ihm nachfolgen.

Trachtet nach der Liebe

Das Gesetz vollkommener Freiheit ist die Liebe zu Gott, denn sie macht den Menschen in jeder Hinsicht vollkommen und von jeder Knechtschaft frei. Darum steht von dem Gerechten geschrieben (Ps 36, 31): «Das Gesetz des Herrn hegt er im Herzen, *denn* im Herzen *des Gerechten herrscht das Gesetz der Gottesliebe.* Die Schritte des Gerechten werden nicht *wanken, denn das* Gesetz *der Liebe herrscht* in seinem Herzen *und, wenn er darin verharrt,* wird er selig sein in seinem Tun». *Die Gottesliebe schenkt nämlich Gnade für das Gegenwärtige und selige Herrlichkeit für das zukünftige Leben.*

Knechtschaft in Freiheit und Freiheit in Knechtschaft! Nicht die Furcht macht zum Knecht, und nicht die Liebe macht zum Freien, nein, die Furcht macht zum Freien, und die Liebe zum Knecht. Der Gerechte kennt kein Gesetz, da er sich selbst zum Gesetz wird, hat er doch die Liebe, in der er nach seinem Gewissen lebt; er kann gehen, wohin er will, und tun, was er will. «Ich bin dein Knecht», *sagt der Prophet (Ps 115, 7),* «und der Sohn deiner Magd.» *Achte auf die Worte:* Knecht *und* Sohn; *weil* Knecht, *darum* Sohn. *Kostbare Furcht, du machst den* Knecht *zum* Sohn! *Erbarmungsvolle und wahrhaftige Liebe, du machst den* Sohn *zum* Knecht! *Er sagt:* «Sohn deiner Magd.» *Willst du also die Freiheit geniessen, dann lege deinen Nacken in das Joch, deine Füsse in die Fesseln der Liebe. Es gibt keine grössere Freude als diese Freiheit. Beugt der Mensch seinen stolzen Nacken nicht unter das Joch der Demut, legt er die Füsse sinnlicher Begierden nicht in die Fesseln der Busse, dann kann er nicht zur Freiheit gelangen. Erst wenn er dies tut, kann er in Wahrheit sagen* (Ps 118, 125): «Dein Knecht bin ich».

Wie Milch Kraft und Honig Süssigkeit gibt, so gibt auch die Gottesliebe der Seele Kraft, dass sie wachse von Tugend zu Tugend (Ps 83, 8), *und macht alle Qual und Prüfung süss, denn für den, der liebt, gibt es nichts Schweres. Was bitter ist, wandelt die Gottesliebe in Süssigkeit, denn so spricht der Herr* (Sir 24, 20): «Mein Geist ist süsser als Honig, und mein Anteil geht über Honigseim». *Der Geist des Herrn ist der Geist der Armut. Des Herrn Anteil aber war sein Leiden am Kreuze, und diesen Anteil hat er seinen Jüngern hinterlassen.*

Je inniger du Gott liebst, desto mehr vermehrt er in dir die Liebe, denn so lesen wir im Psalm (63, 7): «Der Mensch erhebt sich stolzen Hauptes, aber noch erhabner ist Gott». *Ein* stolzes Herz *ist das Herz eines Menschen, der Gott liebt, weil es nach ihm verlangt, ihn betrachtet und alles Niedere verachtet. Wenn du dich diesem Herzen andächtigen Schrittes näherst, wird* Gott erhabener, *nicht in sich, sondern in dir; erhaben wird er durch die innige Liebe, durch die Erhebung deines Geistes. Erheb dich also, um ihn zu erfassen, ihn zu berühren, der über dir ist, soweit es dir vergönnt ist, denn der* Herr *ist allmächtig zu erachten* (Is 2, 22).

Die Bande der Gottesliebe heben den Gerechten über diese Erdendinge hinaus. Er schwebt in den Wonnen der Beschauung, wird gleichsam körperlos, da er nichts Leibliches, keine Gelüste des Leibes mehr in sich verspürt.

Das Wort Sapientia (Weisheit) (Pred 7, 20) *ist mit dem andern Wort* Sapor (Verkosten) *verwandt, und es bedeutet die Liebe und Beschauung Gottes, denn sie gibt Kraft dem Weisen, d.h. der Seele, welche die Freuden der fünf leiblichen Sinne verachtet und die Weisheit der Liebe verkostet. Während jene Freuden das Menschenherz hungrig machen, erfüllt sie es ganz. Sie schenkt Wonne, jene bringen Bitternis. Wer ihr dient, ist frei; wer jenen dient, wird ein elender Sklave. Wer in unwürdigem Tausch verschmäht, die Gottesliebe zu verkosten, gerät in die bedauernswerte Knechtschaft der Freuden seiner fünf leiblichen Sinne. Ach, möchte doch jeder Mensch das* süsse Joch (Mt 11, 30) *und nicht das harte Joch des Satans tragen!*

Wollt dem Geliebten sagen, krank sei ich worden vor Liebe (Hld 5, 8). *Ein Kranker ist schwach, und es ekelt ihn vor der Speise. So ist auch die Seele krank vor Liebe zu ihrem Bräutigam, da sie schwach ist im Bösestun und Ekel empfindet vor ihrer sündigen Vergangenheit.*

Wie machst du, Gottesliebe, doch alles Bittere süss! Die Leiden der Apostel waren zwar furchtbar und bitter, aber die Liebe zu Christus hat diese

Leiden mit Freude und Wonne erfüllt. Darum haben sie voll Verlangen und Freude diese Leiden auf sich genommen und sind mit Christus zur ewigen Freude gelangt.

Gott erträgt die Last unserer Schwachheit, damit wir durch Werke der Liebe zu ihm emporsteigen können. Uns, die wir zu ihm emporsteigen, nimmt er auf, damit wir mit ihm, dem ewigen Seligen, ewig selig seien und bei *jenem* Mahle *ewiger Erfüllung gleich Johannes* an der Brust Jesu ruhen (Jo 21, 20). *Das Herz lebt in der Brust, die Liebe aber im Herzen. Wir werden deshalb in seiner Liebe ruhen, denn wir* lieben *ihn* aus ganzem Herzen und aus ganzer Seele (Lk 10, 27), *und in ihm* alle Schätze der Weisheit und der Wissenschaft (Kol 2, 3) *finden. Wie gross ist doch Jesu Liebe! Welch ein* Schatz *liegt doch in dieser Liebe, welch unschätzbare Wonne in dieser* Weisheit, *welch unermessliche Erkenntnis in dieser* Wissenschaft! «Ich aber sehe mich satt», *lesen wir* (Ps 16, 15), «wenn erscheint deine Herrlichkeit». *Und* (Jo 17, 3): «Dies ist das ewige Leben, dass sie dich erkennen, den allein wahren Gott, und deinen Gesandten, Jesus Christus». *Ihm sei Ehre und Lob in Ewigkeit.*

Du sollst deinen Nächsten lieben

Nach seiner Auferstehung stand Jesus in der Mitte seiner Jünger (Jo 20, 19).

Auch Petrus, der zuerst durch die Verleugnung

des Herrn tief gefallen war, erhob sich inmitten der Brüder (*Apg* 1, 25). *Dadurch wird uns bedeutet, dass auch wir inmitten der Brüder stehen müssen, nachdem wir uns von unsern Sünden erhoben haben. Der Ort der Liebe aber ist die Mitte, weil sie sich auf Freund und Feind erstreckt.*

Die Liebe, die sich auf Freund und Feind erstreckt, ist der Mittelpunkt der Kirche. Darum muss der Prediger die Gläubigen ermahnen, dass sie diese Mitte einhalten.

Die Liebe zum Bruder gleicht dem Feigenbaum (Joel 2, 22), *da sie fruchtbarer ist als alle andern Tugenden. Sie weist den Irrenden zurecht, verzeiht dem Fehlenden und speist den Hungernden. Während sie noch das eine Werk der Barmherzigkeit unter den Händen hat, denkt sie schon an ein anderes, das sie vollbringen will.*

«Wer ist schwach, und ich leide nicht mit ihm?» (2 Kor 9, 29). *Und wiederum sagt Paulus* (Röm 9, 2): «Ich ertrage grossen Kummer und beständigen Schmerz in meinem Herzen für meine Brüder». *Wenn du mich liebst, dann hast du mit meinem Leid Mitleid, denn der Schmerz in deinem Herzen zeigt an, dass du mich liebst. So hat eine Mutter mit ihrem kranken Kinde Mitleid, weil sie es liebt. Liebte sie es nicht, hätte sie auch kein Mitleid.*

Die Liebe ist nicht eifersüchtig (1 Kor 13, 5f); *sie kennt aber deshalb keinen Neid bei Erfolgen des Nächsten, weil sie nichts auf dieser Welt begehrt.* Sie lässt sich nicht verbittern, *denn sie weiss nicht, was es heisst, vom rechten Pfad abzuirren, weil sie sich weit aufgeschlossen hat für die Liebe zu Gott und dem Nächsten.* Sie sinnt nichts Arges, *denn ihr Geist ist in der Liebe zur Reinheit verankert, und darum duldet sie nichts neben sich, was sie beflecken könnte, hat sie doch allen Hass samt seinen Wurzeln ausgerottet.*

Ein neues Gebot gebe ich euch

Wie gross ist doch die Liebe des Vaters zu uns, dass er seinen eingeborenen Sohn um unseretwillen zu uns sandte, damit wir durch ihn das Leben haben und ihn lieben. Ohne ihn leben, heisst tot sein, denn wer nicht liebt, bleibt im Tode (1 Jo 3, 14). *Wenn also Gott uns so sehr geliebt hat, dass er seinen geliebten Sohn, durch den er alles erschaffen, für uns* dahingab (Jo 3, 16), *dann müssen auch wir einander lieben.* «Ein neues Gebot», *sagt er* (Jo 13, 34), «gebe ich euch, dass ihr einander liebt».

Liebet eure Feinde

Wer zur Armut im Geiste (Mt 4, 5) *gelangt ist, kann aufrichtigen Herzens mit Jesus für seine Verfolger beten* (Mt 23, 34): «Vater, verzeih ihnen, denn sie wissen nicht, was sie tun». *Wer von Herzen demütig ist, verzeiht allen, die gegen ihn gefehlt haben, und betet für sie.*

Wenn jemand gegen dich fehlt, dann sollst du ihm wie mit dem Munde so auch mit dem Herzen Barmherzigkeit erweisen, indem du ihm mit Herz und Mund verzeihst. Wie zwischen zehntausenden Talenten *und* hundert Denaren (Mt 18, 24ff), *so gross und weit grösser ist der Unterschied zwischen der Sünde, mit der wir Gott beleidigen, und jener, mit der uns der Mitmensch beleidigt. Wenn Gott seinen Geschöpfen eine so grosse Schuld nachlässt, warum willst du deinem Nächsten dann nicht das Wenige erlassen? Wer vergisst, wie grosse Barmherzigkeit er selbst empfangen, der hat auch für andere kein Herz voll Erbarmen.*

Wer Unrecht verzeiht, reinigt seine Seele von ihren Sünden. Darum sagt der Herr (Mt 6, 14): «*Wenn ihr den Menschen ihre Sünden verzeiht, dann wird auch euer Vater im Himmel euch eure Sünden verzeihen*». *Ohne dies Werk der geistlichen Barmherzigkeit entbehren alle andern guten Werke im Leben ihres Lohnes.*

Wie dich selbst sollst du
den Nächsten lieben

Liebe dich so, wie Gott dich erschaffen hat, der dich liebt. Hasse dich aber so, wie du dich gemacht hast durch deine Sünde. Achte das Höhere und verachte das Niedere in dir. Liebe dich aus dem gleichen Grunde, aus dem jener dich geliebt hat, der sich für dich hingab. Hasse dich aber, weil du das gehasst hast, was Gott in dir geschaffen und was ihm an dir wohlgefallen hat.

Nimmt die Selbstliebe in einem Menschen ab, dann kann die Gottesliebe in ihm zunehmen.

Ungeordnete Selbstliebe ist ein Hindernis für die Gottes- und Nächstenliebe. Darum müssen wir sie bekämpfen.

Entzünde in uns deine Liebe

Wenn wir um die Gottesliebe bitten, wird unser Vater, der uns liebt, uns geben, was er selbst ist, nämlich die Liebe.

Wenn das Gotteskind den Vater um Liebe bittet, gibt er ihm nicht Herzenshärte; vielmehr nimmt er sie von ihm. «Das Herz aus Stein, das nicht fühlt», *spricht er* (Ez 36, 26), «will ich aus eurer Brust entfernen und euch ein Herz aus Fleisch geben, das Schmerz empfinden kann».

Herr Jesus, wir bitten dich, fessele uns durch die Bande der Liebe zu dir und unserm Nächsten, damit wir dich lieben aus ganzem Herzen, d.h. mit ganzer Kraft, so dass keine Versuchung -, aus ganzer Seele, d.h. mit Weisheit, so dass keine Täuschung -, und aus allen Kräften, d.h. mit ganzer Hingabe, so dass keine Verlockung uns von deiner Liebe trenne, und wir den Nächsten lieben wie uns selbst (Lk 10, 27). *Das verleihe uns, der du bist gepriesen in Ewigkeit.*

GEBETE

Anrufungen an den Heiligen

Glorreicher, heiliger Antonius, du hast von Gott die Kraft erhalten, Tote zum Leben zu erwecken. Erwecke meine Seele und führe sie aus aller Lauheit heraus, zu neuem Leben.

Nach jeder Anrufung wird ein "Ehre sei dem Vater..." gebetet.

Heiliger Antonius, in deiner Weisheit bist du in all deinen Lehräusserungen eine Leuchte für die Kirche und die Welt gewesen. Erleuchte meine Seele und unterweise mich in der göttlichen Wahrheit.

Erbarmungsreicher Heiliger, du bist immer bereit, denen beizustehen, die dich verehren. Hilf meiner Seele in all ihren Nöten.

Du gütiger Heiliger, göttlicher Eingebung folgend hast du dein Leben ganz in den Dienst des Herrn gestellt. Mach, dass ich mein Ohr immer offenhalte für den Anruf Gottes.

Heiliger Antonius, wahre Lilie der Reinheit, lass nicht zu, dass meine Seele befleckt werde von der Sünde, sondern hilf mir, meine Taufunschuld zu bewahren.

Heiliger Antonius, zahlreiche Kranke haben durch deine Fürsprache ihre Gesundheit wiedererlangt. Gib, dass meine Seele von jeder Schuld befreit dem Hang zum Bösen widerstehe.

Heiliger Antonius, du warst die Rettung deiner Brüder. Führe mich auf dem Meer dieses Lebens und gib, dass ich dereinst das ewige Leben erlange.

Du Heiliger voller Mitleid, während deines Lebens hast du zahlreiche Verurteilte befreit. Erlange du mir von Gott, dass ich von den Fesseln der Sünde befreit werde.

O heiliger Wundertäter, erwirke mir von Gott die Gnade, dass ich mich nie von seiner Liebe abkehre und immer in Einheit mit der Kirche Christi lebe.

Du Helfer der Armen, gib, dass ich nie in Sünde falle und nie die Freundschaft Gottes verliere, sondern sie während meines ganzen Lebens immer treu bewahre.

Du liebreicher Heiliger, du erhörst alle, die zu dir ihre Zuflucht nehmen. So erhöre denn auch mein Gebet und trage es vor den Herrn.

Heiliger Antonius, du unermüdlicher Apostel

des göttlichen Wortes, hilf mir, meinen Glauben in Wort und Beispiel vor der Welt zu bezeugen.

Heiliger Antonius, wir verehren dich besonders an deiner Grabstätte in Padua. Sieh auf meine Sorgen und Nöte und lege mit deiner Wundertätigen Zunge Fürsprache ein für mich bei Gott, damit er mein Gebet erhöre.

Lasset uns beten

Allmächtiger, ewiger Gott, im heiligen Antonius hast du deinem Volk einen Verkünder deiner Heilsbotschaft und den Armen und Leidenden einen Fürsprecher geschenkt. Gewähre uns durch seine Fürbitte, dass wir seinen Unterweisungen zu folgen vermögen und in allen Prüfungen deine Hilfe und deine Barmherzigkeit erlangen. Durch Christus, unsern Herrn. Amen.

Gebet der Pilger am Grab des heiligen Antonius

Heiliger Antonius, ich bin hierher gepilgert, an dein gesegnetes Grab.

Ich bin gekommen, um voller Vertrauen zu dir zu beten, weil ich weiss, dass du all jenen, die bedrückt sind, Trost zu spenden vermagst. Sei du mein Fürsprecher bei Gott, bitte du in meinem Namen den Vater der Barmherzigkeit um jene Gnade, deren ich besonders bedarf...

Ich weiss, dass mein Glaube schwach ist. Du hast die Tugend des Glaubens in einzigartiger Weise besessen und auch in andern erweckt mit deiner Predigt. So bringe denn auch meinen Glauben zu neuem Leben. Du hast ein Leben nach dem Evangelium geführt; hilf mir, mein Christentum besser und überzeugender zu leben, damit ich mich des Vaters im Himmel würdig erweise.

Heiliger Antonius, komm meiner Schwachheit zu Hilfe. Halte fern von mir jegliche Krankheit und alle Gefahren für Leib und Seele. Lehre mich, mein ganzes Vertrauen immer auf Gott zu setzen, besonders in Augenblicken der Prüfung und des Leides. Segne meine Arbeit, meine Familie und alle jene, die dich auf der ganzen Welt verehren und die auch geistig hier anwesend sind. Schenke ihnen allen eine grosse Liebe zu den Armen und Leidenden.

Du mein Beschützer, lass mir eine Antwort zuteil werden auf mein Vertrauen, das ich immer auf deine Fürsprache bei Gott gesetzt habe. Amen.

Gebet der Kranken

Herr Jesus, du hast gesagt: «Kommet alle zu mir, die ihr mühselig und beladen seid. Ich will euch erquicken». So wende ich mich denn in meinem Leiden an dich, weil ich deine Hilfe brauche.

Sei mir nahe, o Herr, wenn Verzweiflung mich zu befallen droht, und wenn ich glaube, mir selbst und andern zur Last zu fallen, dann verlasse mich nicht, sondern stehe mir bei mit deiner Gnade.

Du selbst hast ja so sehr gelitten, dass man dich den «Schmerzensmann» nannte. Hilf mir, meine Krankheit anzunehmen aus deiner Hand und sie als ein Opfer mit deinem Leiden zu vereinigen, das du immerfort auf dem Altar erneuerst.

Segne jene, die mir in meiner Krankheit zur Seite stehen. Gib allen Kranken und Leidenden auf der ganzen Welt Mut, damit sie ihre Last zu tragen vermögen.

Maria, du Schmerzensmutter, mit heroischer Kraft hast du das Leiden deines Sohnes mitgetragen. Bleibe auch du mir nahe mit deiner mütterlichen Liebe. Und lass nicht zu, dass in der Stunde der Prüfung mein Mut sinkt und meine Hoffnung erlischt.

Zu dir nehme ich meine Zuflucht, heiliger Antonius, du himmlischer Beschützer. Sei du mein Begleiter auf meinem Weg nach Kalvaria. Lehre mich, den Willen Gottes anzunehmen und voll Zuversicht in die Zukunft zu schauen. Auf dich habe ich immer vertraut. Das Leiden, das ich dir aufopfere, möge deshalb nicht vergeblich sein. Amen.

Anrufung des hl. Bonaventura

Gesegnete Zunge,
die du immerfort den Herrn gepriesen
und viele Menschen angeleitet hast,
ihn zu preisen.
Jetzt erst wird offenbar,
wieviel Gnade du gefunden hast bei Gott!

INHALTSVERZEICHNIS

Geleitwort . . . . Seite 5

IN DER WELT DER RITTER

    Der Sohn des Kreuzritters . . . » 7
    Legendenblüten . . . . . » 9
    Der ritterliche Jüngling . . . . » 13
    Die ersten Kämpfe . . . . . » 15

DER KLOSTERFRIEDE

    Der Abschied vom Familienkreis . . » 17
    In Coimbra . . . . . . » 21
    Begegnung mit den Franziskanern . . » 23

VON MAROKKO NACH ITALIEN

    Die Sehnsucht nach dem Martyrium . . » 28
    Der Unbekannte . . . . . » 31
    Der Einsiedler . . . . . » 35

GEGEN DIE HÄRETIKER

Auf dem Kampfplatz	Seite	39
Der Heilige predigt den Fischen	»	42
Weitere Wundertaten	»	45
Der gottbegnadete Lehrer der Theologie	»	49
Frankreich das liebliche Land	»	52
Der Prophet	»	55
Die Erscheinung des hl. Franziskus	»	58

IN SEINEM PADUA

Neue Blickfelder des Wirkens	»	64
Apostel des Volkes	»	67
Ritter ohne Furcht	»	70
Die letzte Fastenpredigt	»	72
Die Ernte ist gross	»	74
Der müdegewordene Apostel	»	76
Der Heilige der Wundertaten	»	79

DIE LETZTEN TAGE

Die Erscheinung des Jesuskindes	»	83
Die Zelle auf dem Nussbaum	»	87
Bruder Tod	»	89

SCHLUSS . . . . . . » 93

GEDANKEN DES HEILIGEN . . . » 97

GEBETE . . . . » 119

Druck: April 1996
Mediagraf – Noventa Padovana, Padua